Ich bin hier bloß die Katze

© Isolde Ohlbaum

Hanna Johansen, geboren 1939 in Bremen, lebt als freie Schriftstellerin in der Nähe von Zürich. Sie schreibt für Erwachsene und Kinder und wurde vielfach ausgezeichnet, u. a. mit dem Schweizer Jugendliteraturpreis. Im Jahr 2000 wurde sie für den Hans-Christian-Andersen-Preis nominiert.

Hildegard Müller, geboren 1957, lebt als Grafikdesignerin, Illustratorin und Autorin in der Nähe von Mainz. Für ihre Bilderbücher wurde sie mehrfach ausgezeichnet.

Ich bin hier bloß die Katze

Gestaltung und Illustration
Hildegard Müller

Weltbild

Mögen Sie Hunde?

Wirklich?

Das darf nicht wahr sein.

Na gut, es gibt Schlimmeres.

Lesen Sie ruhig weiter.

Wir haben einen Hund

Wir haben einen Hund. Man kann sich fragen, ob es nötig ist, einen Hund zu haben. Aber Mama und Papa stellen solche Fragen nicht. Und wenn sie es täten, wäre ich bestimmt die Letzte, die gefragt würde. Darum haben wir einen Hund. Man sagt das so. Aber es ist falsch. Eigentlich sollte ich sagen: Meine Familie hat einen Hund. Eines Tages wurde er von Mama auf dem Arm hereingetragen und auf den Teppich gesetzt. Er schnüffelte. Alle waren vollkommen aus dem Häuschen. Mama und Papa starrten den Fellhaufen an und verdrehten die Augen. Die beiden Großen begannen sich zu prügeln, um herauszufinden, wer den Hund zuerst auf den Arm nehmen durfte. Das reichte mir. Leise verließ ich das Haus.

Sie wissen ja, wie das ist: Man verlässt das Haus, man wird hungrig, es tun einem die Füße weh, nirgends eine vertraute Stimme, und ein weiches Bett steht auch nicht herum auf der freien Wildbahn. Kurz, am nächsten Tag kam ich zurück, und der Hund war immer noch da. Lange habe ich mir gewünscht, sie würden ihn wieder dahin zurückbringen, wo sie ihn hergeholt hatten. Vergeblich.

Der Hund war da. Er schlabberte. Er hopste. Er rannte unter den Stühlen durch, dass seine Ohren flogen. Die Stühle kippten um. Das Essen flog durch die Küche. Und alles in der Familie drehte sich um das liebe gute süße Hündchen. Das liebe gute süße Hündchen aber hatte nicht mal was dagegen, wenn man es ein liebes gutes süßes Hündchen nannte. Geschmackssache, wenn Sie mich fragen. Nicht mal, wenn es schlief, war das Hündchen still. Es schniefte und schmatzte und winselte. Oder es fiepte und wuffte und heulte. Und was das Schlimmste war, die halbe Nacht jaulte es in seinem Korb.

Aber wer weiß, vielleicht würde ich das auch tun, wenn ich in so einem Korb schlafen müsste. Es dauerte gar nicht lange, da hatte er den Korb kurz und klein gebissen. Das war deutlich, sollte man meinen. Aber nein – sie kamen mit einem neuen Korb, der um nichts besser war.

Dass er schlabbert, habe ich wohl schon gesagt. Aber nicht, wie er schlabbert. Laut! Sehr laut! Dass ein kleines Tier so laut schlabbern kann, dass man es durchs ganze Haus hört, mag Ihnen unwahrscheinlich vorkommen. Aber das müssen Sie mir einfach glauben.

Ich hatte in diesen Wochen nur einen Wunsch: Ruhe. Leider ist das ein unerfüllbarer Wunsch, wenn man einen Hund hat. Bloß wenn er spazieren ging, hatte man ein paar Minuten Ruhe. Ich weiß nicht, ob Sie gern an einer Leine spazieren gehen. Dieser Hund jedenfalls ließ sich laut polternd

vor Begeisterung seine Leine anbinden und stürmte los mit einer Geschwindigkeit, dass Mama ihm kaum folgen konnte. Endlich, dachte ich, setzte mich auf meinen Sessel, schaute aus dem Fenster und genoss die unvergleichliche Stille. Kaum fielen mir ein wenig die Augen zu, war es damit auch schon vorbei: Vollkommen erschöpft, aber immer noch begeistert kommt er zurück, springt mir entgegen und wischt seine matschigen Pfoten an mir ab. Aber nur einmal. Ich lerne schnell. Von da an blieb ich auf meinem Sessel, wenn er zurückkam und mich begrüßen wollte.

Wissen Sie, wie ein Hund riecht, wenn er im Regen spazieren gegangen ist? Nein? Möge es Ihnen erspart bleiben.

Und nun? Das Unmögliche ist geschehen. Ich habe mich an ihn gewöhnt. Sogar an seinen Geruch habe ich mich gewöhnt, obwohl … Aber Ihnen brauche ich ja nicht zu erklären, wie ein Hund stinkt. Auch wenn es nicht regnet. Man muss sich schon fragen, wie ein Tier das aushält, ständig mit einem solchen Geruch in der Nase herumzulaufen. Unter uns darf ich es wohl sagen, unser Hund lässt es ein wenig an Sauberkeit fehlen. Nicht dass er sich nicht ab und zu lecken würde, aber er tut es nicht gründlich. Er schüttelt sich, er wischt seine Augen. Und natürlich kratzt er sich den lieben langen Tag. Kein Wunder, wenn Sie mich fragen. Wer sich nicht sauber hält, muss mit allem Möglichen rechnen. Er kommt auf den Hund. So sagt man das wohl. Am Anfang dachte ich: Unser Hund wird es schon lernen. Er war ja noch ein Baby. Ich begann ihn abzulecken, um ihm zu zeigen, wie man das macht. Aber meine Mühe war für die Katz. Ich glaube, er wollte es nicht lernen. Bis heute nicht. Ich möchte nicht wissen, was aus ihm würde, wenn Mama oder Papa ihn nicht hin und wieder ins Wasser stecken und abseifen würden. Das klingt herzloser, als es ist. Was würden Sie machen, wenn sonst gar nichts mehr hilft?

Was sagen Sie? Sie sind es nicht gewohnt, dass man zu Ihnen »Sie« sagt? Das habe ich mir gedacht. Aber mir gefällt es nun einmal, »Sie« zu sagen. Dafür habe ich drei Gründe. Erstens, warum sollte ich »du« sagen, wenn ich Sie überhaupt nicht kenne? Zweitens tue ich es um der reinen Schönheit willen. »Sie« klingt so gut. Wir Katzen geben viel auf die reine Schönheit, ein wichtiger Punkt, der uns zum Beispiel von Hunden grundsätzlich unterscheidet. Und drittens verabscheue ich unnötige Komplikationen. Sie seufzen? Sehen Sie! Sie werden mir recht geben, dass es eine Komplikation bedeutet, wenn ich statt »Sie seufzen« »du seufzt« sagen müsste. Das klingt zu lang und sieht zu kurz aus. Müsste es nicht doch eher »du seufzst« heißen oder vorsichtshalber »du seufzest, liebe Leserin oder lieber Leser«? Das möchte ich dir ersparen. Außerdem, wenn ich an dich denke, stelle ich mir vor, wie du allein auf deinem Stuhl sitzt. Oder doch sitzest? Oder auf deinem Bett liegst. Wenn Sie nun aber nicht allein sind, sondern zu zweit oder zu dritt oder

in noch größerer Zahl zusammensitzen, um sich dieses Buch vorzulesen, dann hätte ich nicht »du«, sondern »ihr« sagen müssen zu Ihnen. Sie sehen: Man hat es nicht leicht beim Schreiben. Ich weiß, dass es Sie gibt, die Leser, aber weiß ich, wer Sie sind? Nein. Für mich sind Sie, wie man so sagt, die Katze im Sack. Aber ich bin hocherfreut, dass Sie in meinem Buch lesen. (Ich beklage nur, dass diese Geschichte von einem Hund handelt. Darum kann das zwar eine gute, aber leider keine ganz erstklassige Geschichte werden. Unter uns gesagt: Ich fange mit dem Hund an, damit ich es hinter mir habe.) Und ob Sie nun sieben oder siebzehn sind, Sie sollten sich rechtzeitig daran gewöhnen, dass man »Sie« zu Ihnen sagt.

Aber nun endlich zum Thema, und unser Thema ist nicht die Grammatik, sondern der Hund. Nicht der Hund im Allgemeinen, sondern der Hund im Besonderen: unser Hund. Fast hätte ich gesagt: mein Hund. Aber nur fast, denn meistens bin ich mehr als glücklich, dass es nicht mein Hund, sondern ihr Hund ist.

So ein Hund macht es einem nämlich nicht leicht, sich an ihn zu gewöhnen.

Er versteht alles falsch. Zum Beispiel das Schnurren. Schnurren ist eine Sache der Geselligkeit. Man schnurrt, wenn man unter guten Freunden und zufrieden ist. Und man erwartet, dass der andere auch schnurrt. Aber was tut unser Hund? Er beginnt zu knurren. Falls Sie das nicht kennen: Ein grauenhaftes Geräusch. Ist das die Art und Weise, wie Hunde schnurren?, habe ich mich gefragt. Das kann ich mir nicht vorstellen, denn wenn ein Hund knurrt, kann einem angst und bange werden, auch wenn er noch klein ist. Ich war jedenfalls so erschrocken, dass mein Schnurren ganz von selbst aufhörte. Und was meinen Sie, er war zufrieden. Beim nächsten Mal ging es nicht anders. »Reg dich nicht auf«, sagte ich zu ihm. »Ich schnurre nun mal gern, wenn mir wohl ist.

Es gehört dazu. Begreifst du?« Ich weiß nicht, ob er es je begriffen hat. Aber nach einigem Hin und Her hat er sich danach gerichtet. Jetzt lässt er mich schnurren.

Es war nicht einfach. Ein junger Hund hat keine Ahnung, wie weit man gehen darf. Geht er zu weit, schlage ich selbstverständlich nicht gleich zu. Das tut man nicht unter Freunden. Ich hebe also erst mal die Pfote, um ihn zu warnen. Und was tut unser Hund? Er ist begeistert. Statt Abstand zu halten, kommt er herangehopst, als hätte ich ihn zum Spielen eingeladen.

Und umgekehrt, mitten im besten Spiel hebt er plötzlich die Pfote. »Spinnst du?«, sage ich verblüfft. Er ist schließlich noch ein Kind und weiß nicht, was sich gehört. Aber wenn er es zum zweiten Mal tut, kriegt er eine gewischt. Und das hat er jetzt verstanden.

So ein Hund ist ein sehr sonderbares Wesen. Aber er ist freundlich. Er hat nur eine komische Art, seine Freundschaft zu zeigen. Kurz, er macht so ziemlich alles falsch, was man nur falsch machen kann. Jetzt weiß ich das und drücke ein Auge zu. Ich bin großzügig. Aber am Anfang ... Am liebsten würde ich gar nicht darüber reden. Trotzdem:

Wenn Sie einen Hund kennen, wissen Sie, dass das Allermerkwürdigste an ihm sein Schwanz ist. Nicht dass ich etwas gegen einen schönen buschigen Schwanz hätte. Nur, was er damit macht, ist unbegreiflich. Er wedelt. Das ist mehr als kindliche Dummheit, das grenzt an Leichtsinn. Ich denke, es ist bekannt, dass ein Schwanz, wenn er heftig hin- und hergeschlagen wird, hochgradige Kampfbereitschaft anzeigt und jeden zur Vorsicht mahnen sollte. Nicht so bei unserm Hund. Er tut das zu seinem Vergnügen. Man geht freundlich und ohne Arg auf ihn zu. Man denkt, es wäre nett, jetzt ein

bisschen herumzutoben. Der Hund schaut einen vergnügt an. Und schon beginnt er aus heiterm Himmel mit dem Schwanz zu schlagen. »Ist das dein Ernst?«, sage ich. Heute ist mir klar: Es hat nichts zu bedeuten. Aber damals … Sie müssen wissen, wenn ich sehe, wie sein Schwanz von einer Seite auf die andere geht, dann mache ich das Gleiche. Ganz automatisch. Und wenn ich so wedle, dann packt mich von innen her die Wut. Wut und Wedeln ist ja praktisch ein und dasselbe. Und dass ich knurre, gehört auch noch dazu. Ganz im Ernst, denn alles lasse ich mir nicht bieten.

Gut, er war noch ein Kind, aber was zu weit geht, geht zu weit. Außerdem war dieses Kind schon so groß wie ich. Darum ließ ich mich auf den Rücken fallen. Das tut man doch, wenn es ernst wird, oder? Man hat dann alle viere frei und kann mit jedem Gegner fertig werden. Und was macht unser Hund? Statt es nun mit der Angst zu kriegen, stürzt er sich begeistert wie immer auf mich, und ich tue das Einzige, was man in so einem Fall tut: Ich beiße und kratze und trete. Vor allem natürlich mit den Hinterfüßen.

Jaulen und aufspringen und wegrennen war eins.

Das ist Vergangenheit. Heute lasse ich ihn wedeln. Nur weiß ich nicht, wie er sich auf diese Weise im Leben draußen zurechtfinden will. Sie werden es mir nicht glauben, aber dieses Tier kommt begeistert herbeigelaufen, wenn man es ernsthaft abschrecken will und unmissverständlich mit dem Schwanz schlägt. Mein Unterricht war wieder mal für die Katz. Dummheit? Ich denke, irgendwann wird er lernen, was eine Warnung ist, und das nicht mehr mit einer Einladung verwechseln. Ich hoffe nur, er lernt es, bevor seine Dummheit ihn in wirkliche Schwierigkeiten bringt.

Und damit bin ich bei einem ernsten Thema. Ich will es kurz machen. Stellen Sie sich bitte vor, wir kämpfen. Nicht im Ernst, sondern zum Vergnügen. Wenn er nicht mehr kann oder will, also in einer Situation, wo man vernünftigerweise das Weite sucht, lässt er sich auf den Rücken fallen und hält mir die Kehle hin, damit ich ungestört reinbeißen kann. Ich tue das natürlich nicht bei einem Freund. Aber verwirrend ist es schon. Oder, um es genau zu sagen: Das ist nicht bloß verwirrend, es ist lebensgefährlich. So legt man sich doch nur hin, wenn man alle Kräfte frei haben will zum Zurückschlagen. Ich sagte nur: »Bist du lebensmüde?« Auf der freien Wildbahn, wollte ich damit sagen, würde er so glatt vor die Hunde gehen. Dann setzte ich mich hin und schaute zum Fenster hinaus, damit er aufstehen und weggehen konnte. Ich bin nicht sicher, ob er es begriffen hat.

Inzwischen hat unser Hund aber begriffen, was es heißt, wenn er mich zwingt, mich auf

den Rücken zu werfen: höchste Alarmstufe. Er hat es durch Erfahrung gelernt. Das ist das einzige Mittel bei so viel Dummheit. Ich wünschte nur, Sie hätten hören können, wie fürchterlich er beim ersten Mal gejault hat, als wäre ihm ein Unrecht geschehen. Dann wurde er ganz schön vorsichtig bei mir.

So ein Hund macht wie gesagt alles falsch. So gut wie alles. Was er nicht falsch macht, macht er mit einem unbeschreiblichen Getöse. Und was man mit Getöse macht, kann nicht richtig sein.

Ich frage mich, müssen Hunde so laut sein? Am lautesten und geradezu ohrenbetäubend ist sein Gebell. Das muss man gehört haben. Wie soll ich das Bellen beschreiben, wenn Sie nicht wissen, was es ist? Man könnte sagen, es ist seine Art zu miauen, aber das stimmt hinten und vorne nicht. Außer bellen kann er

noch wuffen und heulen, was ebenso schwer zu beschreiben ist. Und nachahmen kann man es auch nicht. Jedenfalls ist es sehr laut und sehr überflüssig. Er bellt bei jeder Gelegenheit. Geht jemand an unserer Gartentür auch nur vorbei, bellt er. Öffnet jemand diese Tür, was man ohne Weiteres an einem zwar leisen, aber unmissverständlichen Ton erkennt, hört er gar nicht mehr auf. Er scheint zu meinen, man könne Fremde durch bloßen Lärm vertreiben. Fährt aber auf der Straße ein Auto vorbei, bellt er nicht. Dabei sind Autos doch wohl viel gefährlicher, als Menschen je sein können. Als unser Hund noch klein war, hielt ich das Bellen für eine Kinderkrankheit. Wenn er vernünftiger wird, dachte ich zuerst, dann wird er lernen, dass es besser ist, sich erst mal zu verstecken und die Lage zu beobachten, bevor man das Maul aufreißt. Nur so lässt sich einschätzen, welche Art von Verhalten die Situation erfordert. Das war ein Irrtum. Er kennt keine Vorsicht und bellt heute noch bei jeder Gelegenheit, und was soll ich sagen, unseren Menschen scheint das sogar zu gefallen. Es kommt natürlich auch vor, dass er ohne irgendeine Gelegenheit bellt. Bloß um zu bellen. Ob ihnen das auch gefällt, entzieht sich meiner Kenntnis.

Wahrscheinlich nicht. Denn zur Strafe wird er jeden Tag gebürstet, und zwar lange. Das arme Tier. Sie fragen mich, wie ein Hund das aushält. Ich habe keine Ahnung. Sie sollten lieber fragen, warum er so tut, als hätte er es gern. Das möchte ich nämlich auch gern wissen. Mit mir könnten sie das jedenfalls nicht machen.

Wie man sich an ein solches Tier gewöhnen kann? Bitte fragen Sie mich nicht. Ich kann es nicht erklären. An seinen schönen Augen

kann es nicht liegen. Wenn er mich damit so unverwandt anschaut, muss ich mich sehr zusammennehmen, um ihm nicht geradewegs ins Gesicht zu springen. Dieser Blick ist wieder typisch Hund. Unter Katzen starrt man sich nur an, um den andern in seine Schranken zu weisen. Freunde schauen aneinander vorbei. Aber Hunde ignorieren die einfachsten Regeln der Höflichkeit. Und ich fürchte, auf die Dauer kann das nicht gut gehen.

Wenn er zeigen will, dass er mich lieb hat, leckt er mit seiner riesigen Zunge meine Ohren. Oder die Vorderfüße. Es ist gut gemeint, aber kaum auszuhalten. Was würden Sie dazu sagen? Ich sage nichts und springe auf die Heizung.

Auch sein Herumspringen kommt mir übertrieben vor, aber es erinnert mich an die Zeit, als ich ein Kind war. Und ehrlich gesagt mache ich es auch heute noch gern. Wenn ich in Stimmung bin, meine ich.

Im Übrigen finde ich diesen Hund ein durch und durch unbegreifliches Wesen und frage mich, was Mama und Papa und die beiden Großen an ihm finden. So ein Hund sitzt tatsächlich da und wartet, dass ihm jemand sagt, was er tun soll. Das ist an sich schon merkwürdig genug. Aber meine Familie scheint so etwas zu mögen. Ich glaube, sie geben gern Befehle. Und das Verrückteste ist, sobald ihm jemand sagt, was er tun soll, unser Hund tut es. Das müssen Sie sich mal vorstellen. Hier möchte ich hinzufügen: Auch ich tue manchmal, was man mir sagt. Der Unterschied besteht darin, dass ich es nur manchmal tue und nur dann, wenn ich es sowieso gerade tun wollte.

Nur eine Frage: Würden Sie sich gern an eine Leine legen lassen? Eben. Ich auch nicht. Aber was tut unser Hund? Er springt fröhlich hin und her, wenn jemand mit seiner Leine kommt. Zuerst ist er bei dieser Gelegenheit jedes Mal in sein lächerliches Bellen ausgebrochen, aber das haben Papa und

Mama ihm zum Glück abgewöhnt. »Bringt denn keiner dieses wilde Tier zur Ruhe?«, habe ich gesagt. Ein paar Mal musste ich das wiederholen. Dann hatten sie ihn so weit. Nun bellt er wenigstens nicht mehr vor lauter Freude über seine Leine.

Überhaupt das Spazierengehen. Das ist eine Sache für sich. Eines Tages wollte ich wissen, was sie machen, wenn sie so Abend für Abend die Straße hinunterlaufen. Ich habe mich entschlossen, einmal mitzugehen. Und ob Sie es glauben oder nicht, das macht mir Spaß. Wenn es nicht allzu lange dauert, meine ich. Den Abendspaziergang macht unser Hund ohne Leine, ich schleiche hinterher, meistens ist es schön dunkel, und wir spielen unterwegs Hund und Katze. Ich verstecke mich und tauche wieder auf, wenn niemand mit mir rechnet. Ich überfalle ihn – zum Vergnügen. Dann jagt er mich – zum Vergnügen. Nur wenn ich einen Baum hinaufrenne, bleibt er unten stehen und macht Lärm. Wissen Sie, was so ein Hund sich denkt, wenn er bellt? Ich habe es bis heute nicht begriffen. Ich glaube, es ist überhaupt nicht zu begreifen, es ist bloß laut. Aber was tut's, ich muss nicht alles begreifen. Warum soll die Welt nicht voller Geheimnisse sein? Wichtig ist nur, dass auch ich meine Geheimnisse habe, die niemand begreift.

Und darum, liebe Leserin und lieber Leser, kann ich heute sagen: Wir haben einen Hund.

Wir – was für ein Wort. Jeder stellt sich ja etwas anderes darunter vor. Aber wenn ich hier »wir« sage, heißt das einfach: die Familie und ich.

Die Familie und ich

Mit der Familie ist es so eine Sache. Hat man keine, wünscht man sich eine. Und hat man eine, was wünscht man sich dann? Mehr Freiheit. So ist es doch, oder? Ich verstehe etwas davon. Ich habe Familie. Ich habe mich gewissermaßen entschieden, Familie zu haben. Damit will ich natürlich nicht sagen, man könnte sich seine Familie aussuchen. In eine Familie wird man ja eines schönen Tages einfach hineingesetzt. So was ist nicht immer ein Grund zur Freude. Unter uns gesagt, ich war kreuzunglücklich. Alles roch so neu und fremd. Und ich saß da und kannte keine Seele.

Reden wir nicht davon, das ist Vergangenheit. An eine Familie muss man sich wohl erst gewöhnen. Dann aber, als ich eine Weile dabei war, habe ich mich für meine Familie entschieden. Man muss das nicht. Man kann ja gehen.

Immer wieder war ich nahe daran, Adieu zu sagen und mich selbständig zu machen. Aber immer wieder gab es auch etwas, das stärker war als der Wunsch wegzugehen. Was das war? Gewohnheit? Zuneigung? Treue? Fragen wir lieber nicht, warum. Sagen wir einfach: Ich liebe meine Familie. Aber wenn ich das sage, bedeutet es vielleicht nicht ganz das Gleiche wie bei andern Leuten. Bei mir bedeutet es nämlich, dass ich mich, obwohl ich eine Familie habe und sie auch liebe, vollkommen frei fühle. Ein wunderbares Gefühl. Meine Familie lasse ich all das machen, was eine Familie so macht. Und sie mich auch.

Meine Familie: Mama, Papa und die beiden Großen. Vier Menschen also, vier Charaktere, und alle mit kleinen Fehlern. Wenn ich sage, ich liebe sie, dann heißt das: Sie waren nicht immer ganz das, was ich mir wünsche, im Großen und Ganzen aber in Ordnung, und alle hatten mich lieb. Von mir aus hätte es immer so bleiben können. Aber wie es in Familien geht, plötzlich passiert etwas, und wenn etwas passiert, ist es unangenehm. In der herrlichsten Jahreszeit geschah es, und niemand hatte damit gerechnet. Wir bekamen dieses Baby. Mama hat es von einer Reise mitgebracht. Ein menschliches Wesen, zweifellos, aber scheußlich. Unfähig, sich zu bewegen, wusste es den lieben langen Tag nichts Vernünftiges anzufangen, von den Nächten ganz zu schweigen. Wer Babys kennt, weiß, wozu die fähig sind: Schrille Schreie ausstoßen können sie und sonst gar nichts.

So etwas ist eine ernste Prüfung für jedes Familienleben. Von da an war nichts mehr so, wie es gewesen war. Die Mahlzeiten wurden unpünktlich. Das war sonst nie vorgekommen. Ich musste ihnen dauernd um die Beine streichen, um nicht ganz in Vergessenheit zu geraten. Gewisse Türen, die normalerweise offen standen, wurden von einem Tag auf den andern verschlossen gehalten. Und die neue Stimme gellte durch die Wohnung.

Auch die Stimmen der andern veränderten sich, wenn sie, weiß der Himmel warum, in die Nähe des Babys gerieten. Ehrlich gesagt, es war zum Davonlaufen. Sonst gefallen mir die Stimmen von Mama und Papa und den beiden Großen. Sie haben übrigens nicht nur eine Stimme, sondern viele, je nachdem, was sie gerade sagen wollen und zu wem sie es sagen. Für jedes Familienmitglied haben sie eine eigene Stimme und dann noch eine Menge andere Stimmen fürs Telefon. Merkwürdig ist, dass Mama ihre Papa-Stimme manchmal auch dann gebraucht, wenn sie mit dem Telefon redet. Man erkennt sie an ihren Stimmen. Aber natürlich nicht nur an den Stimmen, sondern auch an den Wörtern. Wenn sie etwas von mir wollen, dann kommt irgendwann das Wort Ilsebill vor. Es ist sozusagen mein Wort, aber im Grunde wären Wörter gar nicht nötig, denn ich weiß auch so, dass ich gemeint bin. Ich höre es am Ton. Ich höre auch am Ton, um was es geht. Ich bin schnell von Begriff und nicht darauf angewiesen, dass man die Dinge noch eigens in Worte fasst oder gar umständlich erklärt.

In diesem Punkt war ich einer Meinung mit unserm Baby. Aber nur in diesem. Es gebrauchte keine Wörter und verließ sich auf Töne. Das wäre schön und gut, nur – was für Töne! Es quiekte und quakte und quäkte. Es knarrte und knurrte und kreischte. Es piepste und pupste. Und das nicht nur einmal, sondern wenn es damit angefangen

hatte, hörte es überhaupt nicht mehr auf. Mama konnte sich um nichts anderes kümmern. Die beiden Großen gingen auf Zehenspitzen, und Papa verdrehte die Augen.

Ach, alle waren unglücklich, und ich fragte mich, warum sie ein solches Familienmitglied nicht gleich wieder vor die Tür setzten. Wäre das nicht eine vernünftige Lösung gewesen? Aber nein, ganz im Gegenteil, sie traten die Flucht nach vorn an und stellten das schrille Wesen ins Zentrum des Familienlebens. Ich konnte es nicht glauben. Und was das Schlimmste war: Mama war ganz närrisch geworden. Stellen Sie sich das vor, die schönste von ihren vielen Stimmen, mit der sie bis dahin zu mir geredet hatte und die ich darum insgeheim ihre Ilsebill-Stimme nannte, die ließ sie jetzt diesem Schreihals zugute kommen. Und für mich, für Ilsebill, verwendete sie ganz neue Töne, die nicht bloß ungewohnt klangen, sondern ausgesprochen beleidigend waren. Mama schien im Ernst zu fürchten, dass eine Katze, die einen Hauch von Selbstachtung besitzt, sich an einem so unförmigen und so gedankenlosen Wesen wie unserm Baby vergreifen könnte. Lächerlich. Sie war in der Tat närrisch geworden.

So ein Baby ist schlimmer als ein Hund. Was sagen Sie? Das kann man nicht vergleichen? Gut, es ist nicht so neugierig, es bettelt nicht um seine Leine, es hinterlässt keine Pfützen in der Wohnung, und einen Briefträger hat es auch noch nicht gebissen. Aber es war trotzdem schlimmer. Das müssen Sie mir einfach glauben.

Und das Wetter war auch lausig. Ilsebill, sagte ich oft zu mir, wenn ich auf meiner Heizung saß und in den Regen hinausschaute, das ist schlimm. Gegen den Regen kannst du nichts tun. Und was kannst du gegen die himmeltraurige Familiensituation tun, Ilsebill? Auch nichts. Vernünftig, wie ich nun einmal bin, sagte ich zu mir selber: Da gibt es nur eins – ignorieren. Das aber war leichter gesagt als getan, und nicht nur wegen des Lärms. Kurz, ich war drauf und dran, mir eine andere Familie zu suchen. Es gibt ja genug davon auf dieser Welt. Große und kleine Familien, laute und leise Familien, schnelle und langsame Familien. Aber wer weiß denn, ob man nicht vom Regen in die Traufe kommt? Außerdem wurde es Winter, der Winter war kalt, und wer geht schon gern in die Kälte hinaus, wenn es für immer sein soll? So verging die Zeit, und als dann am Ende des Winters die Sonne wieder anfing, mir auf den Pelz zu brennen, hatte ich mich gewissermaßen an die neue Situation gewöhnt.

Im Laufe des Jahres hat es sich ein wenig beruhigt, unser Baby. Das muss ich zugeben. Ich möchte aber nicht behaupten, dass es Vernunft angenommen hätte. Es stört weniger, würde ich sagen. Und die Aufregung in der Familie hat sich auch gelegt. Man interessiert sich jetzt wieder für mich.

Das tut natürlich gut, aber ich frage mich doch: Ist es wirklich so wichtig, was eine Familie tut oder nicht tut?

Außerdem ist jetzt der Frühling gekommen, Sie kennen das sicher, die Zeit der Freiheit und der Fresslust bricht an, draußen werden die Steine wieder warm, und durch die Bäume flitzen die herrlichsten Vögel. Ich liebe Vögel, sie gründen Familien und singen, was das Zeug hält. Sie schmecken nicht besonders, haben aber viel zu bieten, wenn es ums Jagen geht. Ich halte die Luft an, sehe ihnen zu und denke: Was könnte es Schöneres geben!

Ich liebe meine Familie, habe ich gesagt. Dazu stehe ich. Aber die Wahrheit liebe ich auch. Und um der Wahrheit willen muss ich noch auf etwas kommen, was ich lieber verschweigen würde. Man möchte ja nichts Unangenehmes über die Familie sagen. Die Höflichkeit verbietet das eigentlich. Darum eine dringliche Bitte: Behandeln Sie das, was ich Ihnen hier verrate, unbedingt vertraulich. Ich meine das ernst. Und für die, die es noch deutlicher haben wollen: Sagen Sie bloß meiner Familie nichts davon. Die würde das doch zu hart ankommen. Sie haben nämlich so ihre Vorstellungen. Und wenn man die einmal hat, gibt man sie nicht gern auf.

Es geht ums Waschen. Wahrscheinlich liegt es gar nicht daran, dass sie eine Familie sind, sondern bloß daran, dass es sich um Menschen handelt. Haben Sie schon mal einen Menschen gesehen, der sich richtig wäscht? Da können Sie lange warten. Ab und zu stecken sie einen Finger in die Nase oder in den Mund. Sie kratzen sich auch hier und da.

Das ist ein bekanntes Verhalten und wird bei Katzen als Verlegenheitsfloh bezeichnet, aber mit Waschen hat das natürlich nichts zu tun. Und dass sie sich so oft am Kopf kratzen, zeigt doch vor allem, dass sie sich zu wenig waschen. Dabei haben sie eine Zunge. Ich habe es gesehen. Aber sie benutzen sie nicht.

Vielleicht ist sie zu klein, ihre Zunge, und einer gründlichen Morgenwäsche nach dem Strecken nicht gewachsen. Das kann ich nicht beurteilen. Jedenfalls lässt sich bei ihnen nichts beobachten, das einer echten Katzenwäsche auch nur annähernd vergleichbar wäre.

Stattdessen verwenden sie Wasser – wie sie es bei unserm Hund benutzen, wenn sonst gar nichts mehr hilft. Bei einem Hund verstehe ich das. Aber vernünftige Wesen sollten doch wissen, dass Wasser nur ein unbefriedigender Notbehelf ist. Am besten zeigt das wohl die Geschichte mit dem Weihnachtsbaum, bei der das Wasser nichts als Unheil angerichtet hat. Ich soll diese Geschichte erzählen? Bitte nicht. Jedenfalls nicht heute. Sie war zu schrecklich. Und hätte man nicht daraus lernen sollen? Natürlich hätte man das. Aber – ich sage es nicht gern – die Wahrheit ist, dass es den Menschen an Lernfähigkeit fehlt. Die Erfahrung zeigt, dass Wasser nichts bringt. Man mag es als Notlösung bei Katastrophen einsetzen, im Alltag hat es nichts zu suchen. Aber so weit denken Menschen nicht. In dieser Frage vermute ich sogar, dass sie überhaupt nicht denken, sondern einfach an einer Gewohnheit festhalten. Sogar dann, wenn alles dagegen spricht.

Leider ist es nicht nur das Waschen, von dem sie keine Ahnung haben. Menschen können vieles nicht. Ein weiteres Beispiel: das Strecken. Davon verstehen sie so wenig, dass sie

es lieber gleich lassen. Kein Wunder, dass sie so lange brauchen, bis sie richtig aufwachen. Außer wenn unser Baby schreit, natürlich. Dann rennen sie sofort hin. Zum Glück hat es inzwischen damit aufgehört. Jetzt kräht es. Das klingt auch nicht gerade erfreulich, ist aber besser auszuhalten als die Töne, die es am Anfang gemacht hat.

Von den menschlichen Ohren könnte ich ein Lied singen. Entschieden zu klein sind sie, wenn Sie mich fragen. Und an der falschen Stelle. Schlimmer ist: Sie benutzen diese Ohren überhaupt nicht. Kein Aufstellen, kein Anlegen. Nicht die kleinste Drehung. Wozu haben diese Menschenwesen eigentlich Ohren? Man weiß oft gar nicht, woran man bei ihnen ist. Und was so ein Mensch alles nicht hört, das möchte ich nicht beschreiben. Wahrscheinlich könnte man das bisschen, was sie mitbekommen, auch ohne Ohren hören.

Wenn man nicht viel hört, überhört man natürlich die Feinheiten. Und wenn man die Feinheiten überhört, überhört man das Wichtigste. Vielleicht reden sie darum so viel. Aber das ist nur eine Vermutung. Sich mit diesen Menschen auszukennen ist wirklich nicht einfach. Vielleicht ist es nicht mal nötig. Hauptsache, denke ich, mir ist das Wichtigste klar. Und das ist es ja wohl. Was will ich mehr?

Nichts für ungut. Rechnen wir all das zu den kleinen Fehlern, mit denen Menschen im Allgemeinen ausgestattet sind. Ich liebe sie trotzdem.

Leider gehört Liebe zu den Dingen, die einem die Freiheit beschneiden. Darum muss man sich in einem Fall von Liebe immer sehr bald fragen, wie man es mit dem Unabhängigkeitsbedürfnis halten will. Ein schwieriges Kapitel. Wenn es Ihnen zu schwierig ist, schlage ich vor, das nächste Kapitel zu überspringen und auf Seite 55 weiterzulesen.

Liebe muss sein

Liebe muss sein. So heißt es. Aber man kann das auch anders sehen.

Ich weiß nicht, was Sie von Freundschaft halten. Ich bin dafür. Natürlich nicht mit jedem, das versteht sich von selbst. Wenn es um Freundschaft geht, muss man eine Auswahl treffen. Aber wenn die Wahl gut war und die Freundschaft nicht zu eng wird, dann ist sie, wie man so sagt, das Salz des Lebens.

Wie gesagt, ich bin für Freundschaft. Aber bitte, meine lieben Leserinnen, verwechseln Sie das nicht mit Liebe. In aller Kürze: Freundschaft ja, Liebe nein. Liebe ist nicht mein Fall. Oder, um es genauer zu sagen, nur dann, wenn es unbedingt sein muss. Das kommt vor. Wenn nach dem Winter zum Beispiel die Tage wieder länger werden und etwas ganz Neues in der Luft liegt. Ich weiß nicht, wie ich Ihnen das beschreiben soll.

Aber Sie wissen ja selber, wie es ist. Wenn tagsüber so viel Licht herunterscheint und die Nächte aufregender und aufregender werden, dann muss es einfach sein, und zwar sofort. Leider geht es nicht immer sofort. Aber meistens, wenn ich vor die Tür trete, sind sie schon da. Männliche Stimmen, Sie

kennen das ja, meistens ein bisschen zu laut, aber was soll man machen, sie haben auch ihr Gutes, die Männer, und vor allem: Sie sind durch nichts zu ersetzen. Ab und zu trifft man sogar auf einen, der wirklich hinreißend ist. Dann und nur dann kann die Liebe etwas Hinreißendes sein. Ich gebe es

zu, ich kann schon mal den Kopf verlieren. Trotzdem, besser ist es, den kühlen Kopf, wenn man ihn einmal verloren hat, möglichst bald wieder aufzusetzen, aber das ist ein anderes Kapitel.

Nun zur Sache. Die Liebe. Was mich betrifft, ich käme gern zur Sache. Anders die Männer. Ihnen muss ich nicht beschreiben, wie das ist, wenn sie sich draußen versammeln und brüllen. Falls Sie übrigens wissen möchten, wie unser Baby brüllt, dann müssen Sie sich das so ähnlich vorstellen. Obwohl natürlich bei einem Baby etwas Wichtiges fehlt. Ich könnte nicht sagen, was das ist, aber an diesem Etwas muss es wohl liegen, dass der Lärm durchaus etwas Anziehendes hat. Ich gebe das zu, aber nicht gern. Warum sie so brüllen, die Herren der Schöpfung? Ich kann es Ihnen erklären: Sie müssen unbedingt herausfinden, wer ein Recht hat, vor meiner Tür herumzulungern und wer nicht. Das kann doch nicht so schwer sein, denke ich. Aber das ist ein

Gedanke, wie Katzen ihn denken. Kater denken anders. Sie sind an einer vernünftigen Regelung überhaupt nicht interessiert. Nach Tätlichkeiten steht ihnen der Sinn. Zu Deutsch: Sie prügeln sich. Stundenlang, sage ich Ihnen. Mich interessieren diese Schlägereien nicht. Mir wäre lieber, sie würden mit ihrem albernen Gerangel aufhören und sich stattdessen um mich kümmern. Aber haben Sie je versucht, einen Mann, der sich prügeln will, davon abzubringen? Dann wissen Sie ja, dass es aussichtslos ist. Man wäscht sich das Gesicht. Man schärft sich die Krallen. Man lässt sich fallen. Das kümmert keinen. Man kann sich ungeduldig herumwälzen, so viel man will, dieser Kampfsport ist und bleibt Männersache. Irgendwann kommen sie dann doch an ein Ende: Einer gewinnt. Da sitzt er dann im Vorgefühl seiner Eroberung und ist gerade großzügig genug, ein paar Minuten zu warten, damit der Verlierer sich davonmachen kann. Jedes Jahr das Gleiche. Da hat einer einen Kater besiegt und denkt, er hätte eine Katze erobert.

Der Sieger glaubt im Ernst, dass mir sein Erfolg Eindruck macht. Aber Ihnen kann ich es ja sagen: Mir ist es vollkommen gleich, wer gewinnt. Ich nehme einfach den, der mir besser gefällt. Das ist nicht immer so einfach, wie es klingt, weil der Stärkere meint, man fände ihn ebenso hinreißend wie er sich selber. Aber was soll daran so schön sein, wenn sie vor lauter Großartigkeit nicht wissen, wie sie die Füße setzen sollen? Haha. Das muss man gesehen haben, um es zu glauben. Und dann muss man sich eben etwas einfallen lassen. Eine Katze, der nichts einfällt? Das gibt es, aber es ist selten.

Die Frage ist: Wie mache ich einem liebenswürdigen Verlierer klar, dass er sich nicht von so einem Muskelprotz wegscheuchen lassen soll? Ich habe da meine Tricks, aber die werde ich nicht verraten. Es würde auch

nichts nützen, weil es wie bei allen wichtigen Dingen darauf ankommt, den richtigen Augenblick nicht zu verpassen. Ich bin keine Anfängerin, und wenn ich einen Kater wirklich haben will, dann schaffe ich es auch, ihn vom Schauplatz der Schlägereien wegzulocken und mit ihm davonzuschleichen, irgendwohin, wo uns niemand stört.

Aber es lohnt sich, genau hinzuschauen. Nicht alle Sieger sind indiskutabel. Es kann auch mal ein überzeugender Typ dabei sein.

Ich weiß nicht, was Sie von der Liebe halten. Der Mensch, sagt man, hat eine hohe Meinung von allem, was mit Liebe zusammenhängt. Was ich dazu meine? Überschätzung. Reine Überschätzung einer einfachen Sache, der man nicht zu viel Bedeutung beimessen sollte. Na gut. Vielleicht ist es doch nicht ganz so einfach, wie ich hier behaupte, aber das ist ein anderes Kapitel. Einmal im Jahr lass ich es mir gefallen. Es darf auch zweimal sein, wenn sich ein wirklich hinreißender Typ findet. Und dann geht alles drunter und drüber.

Aber nicht lange. Ilsebill, sage ich nach einer Weile zu mir, es reicht.

Ein solches Leben ist zu anstrengend, als dass es einem auf die Dauer zusagen könnte. Man kommt nicht dazu, regelmäßig zu essen. Kein Wunder, dass man angegriffen ist. Das Fell fühlt sich vernachlässigt an, und genug Schlaf bekommt man auch nicht. Sagen Sie selbst: Lohnt das die ganze Aufregung? Die vielen Gesänge über die Liebe, welche überall auf der Welt gejault werden, wenn die Tage lang sind, von den Nächten ganz zu schweigen – die sind doch wohl stark übertrieben. Das ist jedenfalls meine Meinung.

Etwas ganz anderes ist die Liebe zu den Kindern. Die weiß ich zu schätzen. Einmal im Jahr. Nicht so stürmisch zwar wie die Liebe zum Mann, aber dafür etwas Bleibendes. Ich meine, solange es dauert.

Man hat natürlich seine liebe Mühe mit den Kindern. Und darauf, dass ein Mann, und wenn es der hinreißendste wäre, etwas von Kindererziehung versteht, darauf kann man lange warten. Wenn man mit den Kindern mal Hilfe braucht, kann man sich nur auf Frauen wirklich verlassen, und auch da nicht auf alle. Sogar Menschen verstehen mehr davon als das männliche Geschlecht.

Wenn man sie endlich großgezogen hat, die Kleinen, wenn sie wissen, wie man sich ernährt und sauber hält, wie man andere respektiert und zugleich das eigene Leben vorteilhaft einrichtet, kurz: wenn etwas aus ihnen zu werden verspricht, wenn also die

Strapazen der Aufzucht weniger werden und man ein geruhsameres Leben genießen könnte, dann werden die lieben Kleinen so groß und so wild, dass man erst recht anfängt, sich nach Ruhe zu sehnen. Sie wissen sicher, was ich meine. Dass man sich zum Beispiel einmal auf die Heizung legen kann und dort in Ruhe liegen bleiben, ohne dass jemand kommt und dringend etwas von einem will oder womöglich selber den Platz auf der Heizung ins Auge fasst.

Daran denkt man am Anfang natürlich noch nicht, wenn sie eines Tages plötzlich daliegen und noch ganz nass sind. Sie wissen ja, wie das ist: Kaum hat man sie abgeleckt, liebt man sie. Jedes Jahr staunt man von Neuem über die unvergleichliche Schönheit von so einem winzigen pelzigen Kind mit seinem großen Köpfchen und den hübschen Füßchen, wenn es sein Stimmchen erhebt und mit den andern um die beste Zitze streitet. Wie schnell sie herausfinden, dass die hinteren die besten sind. Ach, die ersten unbeholfenen Tatzenhiebe nach dem Köpfchen des Bruders. Und wie schnell sie sich darüber einigen, wer am stärksten ist. Aber wenn sie einem die Ruheplätze wegnehmen wollen, dann lässt der Reiz von rührenden Kinderaugen schnell nach. Sie wissen ja, wie das ist, wenn es einem allmählich lästig wird mit der Kindererziehung. Zwei, drei Monate sind genug. Oder was meinen Sie? Man kann nicht den ganzen schönen Sommer damit verbringen, nicht wahr?

Dann kommt die Freundschaft wieder zu ihrem Recht. Du gehst hinaus. Du siehst dich um. Du schnüffelst. Und was schnüffelst du, Ilsebill? Die herrlichen Düfte von Katzen, von angenehmen Katzen und von unangenehmen Katzen. Alle sind da gewesen. Und wenn du niemanden siehst, brauchst du nicht lange zu warten. Du weißt ja, was die andern Katzen den lieben langen Tag machen. Du weißt, wo sie morgens sind und wo sie abends sind, und wenn du Freunde brauchst, weißt du, wo du sie findest.

Die Frage, ob Freundschaft mit Menschen möglich ist, muss jede für sich beantworten. Ich sage Ja dazu, weiß aber, dass keineswegs alle dieser Meinung sind. Ich kenne Katzen, die Menschen für das Letzte halten. Es hat gar keinen Sinn, auf sie einzureden. Sie bleiben bei ihrer Meinung und ich bei meiner. Ich habe wunderbare Menschen kennengelernt, großzügig, leise und wohlriechend, wenn Sie wissen, was ich meine. Darum kann ich es mir leisten, über die andern hinwegzusehen. Und darum gilt hier wieder, was ich zu Anfang gesagt habe: Wenn es um Freundschaft geht, muss man eine Auswahl treffen. Aber wenn die Wahl gut war und die Freundschaft nicht zu eng wird, dann ist sie, ich habe es schon gesagt, das Salz des Lebens.

Wenn du Freunde brauchst, weißt du, wo du sie findest. Wie wahr. Leider ist es nicht die ganze Wahrheit.

Die freie Wildbahn

Der Ausdruck ist unglücklich gewählt, das gebe ich zu. Die Wildbahn ist nicht wirklich wild, und frei ist sie schon gar nicht. Es gibt jede Menge Regeln, die man vernünftigerweise beachten sollte. Sonst kann man sein blaues Wunder erleben. Das kann man allerdings auch, wenn man sie beachtet. Es geht in diesem Kapitel jedenfalls um das, was sich außerhalb des Hauses abspielt. Nennen wir es hier mal die freie Wildbahn, weil ich nicht weiß, wie ich es sonst nennen soll.

Sie kennen natürlich unsere Gärten nicht und die Häuser, in denen wir wohnen. Und die Wiese hinter dem Schuppen kennen Sie auch nicht. Wahrscheinlich kennen Sie nicht mal den Schuppen. Den mit dem flachen Dach meine ich, auf dem alle am liebsten liegen. Darum zweifle ich ein wenig, ob Sie wirklich begreifen können, wovon ich hier rede. Wollen wir das Beste hoffen. Aber eine Mauer, auf der es sich gut liegt, die wird es ja wohl überall geben. Die Mauer, die ich meine, ist das Beste für den Vormittag, während ich nachmittags den Gartentisch vorziehe, weil er immer so schön warm wird, wenn die Sonne scheint.

Aber der Reihe nach.

Wenn ich morgens ins Freie gehe, muss zuerst geklärt werden, was vom Wetter zu halten ist, und wenn es mir zusagt, bleibe ich draußen. Der Tag ist frisch und neu und verlangt als Nächstes, dass man sich ein Bild davon macht, wer in der letzten Zeit vorbeigekommen ist. Reine Routinesache in den meisten Fällen. Dass mal jemand vorbeikommt, den man noch nicht kennt, ist selten. Dann ist es natürlich unangenehm, und wenn ich unangenehm sage, ist das sehr vorsichtig ausgedrückt. Es geht um die Regeln, von denen ich vorhin gesprochen habe. Man braucht bekanntlich Regeln, wenn der Alltag erfreulich verlaufen soll. Bei uns werden die Regeln respektiert. Wir kennen sie, aber wir nehmen sie nicht allzu ernst. Wir respektieren sie vor allem dann, wenn sie den Alltag wirklich erleichtern. Alles andere bleibt der Stimmung des Augenblicks überlassen. Und dem Fingerspitzengefühl. Denn was morgens gilt, kann am Nachmittag schon ganz anders aussehen. Aber wer die Regeln nicht kennt, kann auch kein Fingerspitzengefühl entwickeln, und genau das ist das Problem, wenn eine neue Katze auftaucht. Das Schlimmste daran ist, dass sich dann auch bei den andern, wo der gemeinsame Alltag seit langem eingespielt ist, Misstrauen breitmacht und alles durcheinanderkommt, was so schön funktioniert hat. Als die Langhaarige aufgetaucht ist, war es besonders schlimm. Sie hatte einfach keine Manieren. Was das heißen soll? Sie hat sich benommen, als wäre sie allein auf der Welt. Alle waren so sauer, wie man sie noch nie gesehen hatte. Aber ist das ein Grund, sich genauso lausig zu benehmen wie die Neue? Das begreife ich heute noch nicht. Nicht mal der Weiße konnte sich noch darauf verlassen, dass man seine Vorrechte beachtete. Und dass ich dabei auch mitgemacht habe, begreife ich noch weniger. Aber was soll man machen, wenn alle spinnen? Irgendwann renkt sich das natürlich wieder ein. Und wenn man die Neuen kennengelernt hat und einschätzen kann, herrscht allmählich auch wieder Einverständnis über die Rechte und Pflichten, die man bei uns zu respektieren hat.

Aber das soll hier nicht das Thema sein. Wo war ich stehen geblieben? Bei der Mauer? Nein. Noch nicht. Erst verschaffe ich mir einen Überblick. Und dann kann ich meinen Platz auf der Mauer ansteuern.

Um diese Zeit liegt der Schwarze immer gern auf dem Gartentisch. Aber wenn ich mich auf der Mauer eingerichtet habe, kommt er herüber. Er ist der beste Freund, den ich mir vorstellen kann, höflich, geduldig, aufmerksam. Und beim Spielen kann er zwischen Spaß und Ernst unterscheiden: Eine sehr wichtige Fähigkeit, ohne die es keine Freundschaft gibt. Er weiß diesen übertriebenen Schwung zu schätzen, den man sich im Ernstfall nie leisten würde. Wenn es ernst ist, wird die Kraft eingeteilt. Beim Spielen darf man das Ziel verfehlen: Das ist ja gerade das Lustige daran.

Wenn er näher gekommen ist, wird die Begrüßung fällig, mir wird dann immer ganz warm ums Herz, und dann kommt er herauf. Unsere Mauer ist lang genug für zwei, mit dem nötigen Abstand, meine ich.

Aber wie ich heute Morgen hinausgehe, das Wetter ist erstklassig, was muss ich da sehen? Nicht den Schwarzen. Nein, die Langhaarige. Und was tut sie? Liegt auf der Mauer. Auf meiner Mauer.

Was sagen Sie dazu? Zu einer solchen Unverschämtheit?

Wenn ich jemanden nicht ausstehen kann, dann ist das die Langhaarige. Natürlich ist sie nervös. Sie ist ja nicht dumm. Aber zeigen will sie es nicht. Schaut beiseite, als wäre alles, wie es sein soll. Hält die Ohren gerade, als nähme sie es ganz locker. Aber die Schwanzspitze verrät sie. Und der Pelz – obwohl man bei so viel Fell kaum sehen kann, ob ihr die Haare zu Berge stehen oder nicht.

Was tun? Erst mal hingehen, bis zu der Stelle, von wo ich sonst hinaufspringe auf meine Mauer, und Platz nehmen. Und warten. Sehr deutlich warten. Und was geschieht? Nichts. Dabei hat sie mich genau verstanden. Aber sie will nicht. Sie ist keine, die nachgibt. Wenn man ihr zu nahe kommt, ist sie empfindlich. Und selber rührt sie keinen Knochen. Dabei bin ich stärker als sie. Aber Körperkraft soll man nicht überbewerten. Außerdem ist es lästig, sie einzusetzen.

Eine ganze Menge Aufregung, die einem den schönsten Morgen verderben kann. Und ganz ungefährlich ist es auch nicht.

Die Langhaarige macht es mit Frechheit. Frechheit kann ich nicht ausstehen, aber ist das ein Grund, sich auf ein Risiko einzulassen? So wichtig ist die Sache dann auch wieder nicht.

Also aufstehen und gehen. Grußlos gehen. Irgendwann wird es ihr langweilig, denke ich, und dann wird sie von selber wieder frei, meine Mauer. Es gibt ja auch genug anderes zu tun. Am Kratzbaum kratzen. Nach dem Rechten sehen. Auf Amseln warten, die auf den Rasen klopfen. Ich weiß, es klingt bekloppt, aber das scheint an schönen Tagen wirklich ihre Lieblingsbeschäftigung zu sein. Klopf-klopf, damit die Regenwürmer herauskommen. Und noch bekloppter: Die Regenwürmer fallen darauf rein und kommen raus.

Dabei sind sie wirklich keine Leckerbissen, wenn Sie mich fragen. Und langweilig sind sie auch. Vögel sind nicht nur interessanter, sie schmecken auch besser. Wenn sie nur nicht so viele Federn hätten. Jedenfalls macht es mehr Spaß, sie zu jagen. Wie ja das Jagen überhaupt mehr Spaß macht als das Essen. Essen bekomme ich schließlich zu Hause. Andererseits – was man sich selbst erarbeitet hat, schmeckt irgendwie besser.

Aber ich höre kein Klopfen. Es ist überhaupt alles ziemlich still, wie ich so in meinem Versteck unter den Sträuchern liege. Oben flattert es ab und zu, und die Sonne flimmert in den Zweigen, bis mir die Augen zufallen.

Dann hört man vor dem Haus die Schritte der beiden Großen. Dabei handelt es sich weniger um Schritte als um ein Poltern, wie es bei Menschen leider häufig vorkommt. Und dann ist auch wieder unser Hund zu hören. Platschplatsch. Wuffwuff. Ein Hund eben. Vielleicht ist das der Moment, auch ins

Haus zu gehen? Nein, lieber nicht. Außerdem ist die Haustür schon wieder zu. Also noch die kurze Runde drehen und dann auf die Mauer.

Irrtum, Ilsebill: Sie ist noch da. Dieses Biest. Keine Manieren. Und ich dachte schon, sie hätte begriffen, wie die Dinge hier laufen.

Und was noch schlimmer ist: Sie ist nicht allein. Er ist auch da, der Schwarze, mit den üblichen zwei Metern Abstand – auf meiner Mauer. So nicht, sage ich.

Ich überlege nicht lange, warne kurz, aber deutlich. Sie tut, als hätte sie meine Pfote nicht gesehen. Keine oder fast keine Reaktion. Also schnell eskalieren bis zur vollen Breitseitdrohung – ha! Ich sag's ja. Schon hält sie es nicht mehr aus, geduckt, mit angstverzerrtem Gesicht faucht sie und springt mit einem riesigen Satz zeternd davon.

Dem Schwarzen ist das ganze Theater natürlich mehr als unangenehm, das sieht man ihm an. Zwar übernimmt er ihre Angriffshaltung, das muss er ja wohl, aber ohne Überzeugung. Eine bloße Pflichtübung, die er bald aufgibt. Vielleicht denkt er, dass damit alles in Ordnung ist. Aber da kann er lange warten. Mir ist nun wirklich nicht danach, neben ihm auf der Mauer zu liegen. Also gehe ich wieder am Kratzbaum kratzen, nach dem Rechten sehen, auf Amseln warten, die auf den Rasen klopfen.

So geht der Tag voran, und wie ich die Augen aufmache, zeigen sich erste Anzeichen von Abendlicht. Von Weitem stelle ich fest, dass meine Mauer leer ist, ich könnte also auch auf der Mauer liegen, aber um diese Zeit interessiert mich das natürlich nicht. Vor allem habe ich Hunger.

»Miaaau! Miauuu?«

Es dauert eine Weile, bis sie die Tür aufmachen.

Nach dem Essen kommt der beste Teil des Tages. Die Nacht. Aber noch nicht gleich.

Draußen raschelt der Wind mit den Blättern. Für die Abendversammlung ist es noch zu früh. Ich werde einen kleinen Umweg machen, man möchte ja nicht die Erste sein. Bei uns ist es üblich, sich abends auf der Wiese hinter dem Schuppen zu versammeln, einfach um beieinanderzusitzen und zu schweigen. Mit dem nötigen Abstand selbstverständlich.

Umwege sind übrigens weit mehr als bloß ein Mittel zum Zweck. Darum liebe ich sie. Das schnelle Zupacken liebe ich allerdings auch, aber das kann man nicht miteinander vergleichen. Umwege, sofern sie nötig und möglich sind, kann man gar nicht überschätzen. Wenn es sie gibt, finde ich sie. Unter uns gesagt, das wirklich gute Leben ist ohne Umwege gar nicht denkbar.

Moment mal, wer ist das da? Die Dreifarbige? An meinem Kratzbaum? Muss das sein?

Bloß keine unnütze Aufregung, Ilsebill. Erst mal abwarten. Erst mal sehen. Nichts gegen Aufregung. Aber nur da, wo sie hinpasst. Und im richtigen Augenblick.

Ilsebill, sage ich mir, stell dich nicht so an. Morgen früh ist dein Kratzbaum wieder frei. Es heißt nicht umsonst: Der Weise hat keine unumstößlichen Grundsätze.

Was wollte ich sagen? Ach ja, Umwege machen das Leben süß. Jeder Augenblick kann eine Überraschung bringen. Auf das Abendsingen der Amselväter könnte ich allerdings verzichten. Und erst recht auf das Höllengeschrei der Amselmütter, wenn man vorbeigeht, als würde unsereins sich für einen

Vogel interessieren, der oben auf dem Dach sitzt und singt. Mich interessieren Vögel bloß, wenn sie unten unterwegs sind, auf dem Rasen zum Beispiel, wo sie vor lauter Herumklopfen nicht merken, wenn man sich anschleicht. Aber nicht jetzt. Jetzt bin ich auf dem Umweg zum Schuppen.

Die andern sind schon da. Die meisten jedenfalls. Der Schwarze gleich vorne neben dem Zaun. Die Stimmung scheint nicht schlecht zu sein. Jedenfalls besser als in der letzten Woche. Kaum Anzeichen von Nervosität. Und das langhaarige Biest? Sitzt auf der andern Seite. Tut, als ob sie keiner Fliege was zuleide tun könnte. Schaut weg. Oder tut sie nur so? Nein, sie scheint es ernst zu meinen. Ich glaube, ich könnte es wagen, mich niederzulassen und meinen Teil zum gemeinsamen Schweigen beizutragen.

Sie haben vielleicht auch schon über Unterschiede nachgedacht. Zum Beispiel die Unterschiede zwischen Katzen und Menschen.

Eine Ähnlichkeit wäre, dass Menschen, wenn sie klein sind, auf ihren vier Beinen gehen. An unserem Baby ließ sich das gut beobachten. Ein Unterschied dagegen wäre, dass sie damit aufhören, wenn sie älter werden. Dann benutzen sie nur noch zwei Beine, eine traurige Angewohnheit, die dazu führt, dass Menschen zwar dauernd rennen, aber doch nie richtig vorwärtskommen.

Eine weitere Ähnlichkeit wäre die Abendversammlung. Meine Familie macht das auch. Sie sitzen dann miteinander am Küchentisch. Im Gegensatz zu Katzen sitzen sie auf Stühlen, aber dafür können sie nichts, es liegt an den Mängeln ihres Körperbaus. Dass sie sich manchmal auch mittags oder sogar morgens versammeln, widerspricht natürlich der Idee der Abendversammlung. Aber der eigentliche Unterschied ist, dass sie an ihrem

Küchentisch genau das tun, was man bei einer Versammlung auf keinen Fall tut: Sie essen! Miteinander!

Und nicht nur das, sie reden auch die ganze Zeit, als wüssten sie nicht, dass die Abendversammlung sich vor allen andern täglichen Begegnungen durch friedfertige Stille und zufriedenes Schweigen auszeichnet. Das ist doch wohl der Sinn der Sache. Sonst könnte man ja ebenso gut zu Hause bleiben, nicht wahr?

Wenn ausnahmsweise doch mal jemand zischt oder faucht, ist was schiefgegangen.

Wahrscheinlich hat irgendeiner den nötigen Abstand nicht eingehalten. Das ist natürlich nicht immer einfach abzuschätzen, manche Katzen stellen sich in diesem Punkt eben mehr an als andere. Aber darüber sollte man eigentlich Bescheid wissen, nachdem man genug Gelegenheit hatte, die andern kennenzulernen. Das hat man einfach im Gefühl, wenn man sich niederlässt. Außerdem kann man ja wohl sehen, was die andern denken. Na gut, manchmal hat man einfach zu viel anderes im Sinn, als dass man jede kleine Veränderung bemerken könnte. Aber das ist die Ausnahme. All die Probleme und Auseinandersetzungen, mit denen man sich tagsüber herumschlägt, haben bei der Abendversammlung jedenfalls nichts zu suchen. Da herrschen ganz andere Gesetze.

Meine Familie hat das noch nicht richtig begriffen, fürchte ich.

Manchmal setzen sich abends auch andere Menschen zu ihnen an den Tisch, die nicht in unser Haus gehören. Das passt an sich zur Idee der Versammlung. Aber leider wird dann noch mehr gegessen als sonst. Und auch noch mehr geredet. Aber das ist natürlich kein Wunder, wenn sie so dumm sind, sich ohne jeden Abstand nebeneinanderzusetzen. Das kann ja nicht gut gehen.

Es kann sogar gefährlich werden. Besonders dann, wenn sie ihre sogenannten Feste feiern, über die man ausgesprochen geteilter Meinung sein kann. Denken wir nur an die Unordnung, die sie dann überall verbreiten, was soll die mit einer feierlichen Stimmung zu tun haben? Sehen Sie, Sie wissen es auch nicht. Ich schätze das regelmäßige Leben, und darum steht Ordnung weit über der Unordnung.

Wenn Sie mich fragen:
Ich bin dagegen.
Aber mich fragt ja keiner.

Zum Beispiel Weihnachten. Dagegen wäre eigentlich nichts einzuwenden, wenn sie es nur anders anstellen würden.

Aber kein Mensch benimmt sich normal oder auf eine als vernünftig zu bezeichnende Weise. Nur ein Beispiel: Sie singen. Ist das vernünftig? Um genau zu sein, Papa, Mama und die beiden Großen »singen«. Das Baby singt nicht. Es schreit. »Musik« nennen die andern das, was sie da machen. Fragen Sie mich nicht, wie ich es nenne. Ich müsste Sie enttäuschen, denn mir fehlen die Worte. Katzenmusik ist es jedenfalls nicht.

Ehrlich, ich habe nichts gegen Weihnachten.
Sollen sie es doch feiern. Aber ich möchte
damit lieber nichts zu tun haben.

Muss man Weihnachten feiern?

Lieber nicht, würde ich sagen. Warum nicht? Das ist ein leidiges Kapitel. Am liebsten würde ich mich dazu überhaupt nicht äußern. Aber manchmal kommt man um leidige Kapitel nicht herum. Also: Unruhe, Feuer und schlechte Luft, würde ich sagen, wenn ich es kurz machen müsste. Aber das wäre wohl doch zu kurz.

Versuchen wir es einmal so:

Was es wirklich bedeutet, Weihnachten zu feiern, lernt man erst mit den Jahren. Jetzt bin ich so weit, dass ich die Alarmsignale nicht nur früh genug erkenne, sondern auch lange genug aushalte. Es ist nicht so, dass man sofort handeln müsste. Aber Timing will gelernt sein, besonders in diesem Fall. Ungewohnte Gerüche, Tannennadeln auf dem Fußboden, ab und zu offenes Feuer auf dem Tisch. Offenes Feuer! Wenn das kein

Alarmsignal ist. Bisher haben sie immer geschafft, es rechtzeitig zu löschen, bevor größeres Unheil geschehen konnte, aber sein Geruch bleibt trotzdem in der Wohnung hängen. Wochenlang. Und eher ein Gestank als ein Geruch, wenn Sie mich fragen.

Es hat natürlich keinen Sinn, gleich beim ersten Anzeichen davonzulaufen. Die Anfänge sind im Grunde erträglich, so unangenehm einem auch diese Duftnoten in die Nase stechen. Man muss allerdings aufpassen in der Küche. Mama achtet in dieser Zeit nicht darauf, wo sie hintritt. Vor allem muss man die Nähe des Backofens meiden, aber auch Abstand wahren zu andern Hitzequellen, die es nur zu dieser Zeit gibt. Bleche, die zum Auskühlen am Schrank lehnen, sollte man unbedingt großräumig umgehen. Aber das lernt man schnell.

Am schlimmsten bleibt die offene Flamme – ein Leichtsinn, der gar nicht zu meiner Familie passt. Aber was in dieser Zeit mit ihnen passiert, spottet sowieso jeder Beschreibung. Soll ich es trotzdem versuchen? Lieber nicht, es würde zu lange dauern.

Also kurz, das Leben im Hause wird gefährlicher. Aber draußen vor der Tür ist es dann meistens so ungemütlich, dass unsereins es sich gut überlegt. Weihnachten kann Formen annehmen, die man seinem schlimmsten Feind nicht wünscht. Unserem Hund, Sie kennen ihn ja, platsch, platsch, platsch, dem macht das alles nichts aus. Der schüttelt einem schließlich auch sein nasses Fell ins Gesicht. Warum? Weil er unsensibel ist, ein Hund eben.

Weihnachten *muss* offenbar sein. Ich habe auch nichts dagegen. Sollen sie es doch feiern. Aber ich möchte damit lieber nichts zu tun haben.

Warum, frage ich mich nur, muss die Sache ausgerechnet im Winter stattfinden? Es gibt doch viel bessere Jahreszeiten. Im Sommer zum Beispiel würde es viel weniger stören. Ich könnte diese grässliche Zeit dann mühelos draußen verbringen. Und man könnte auf die vielen Kerzen verzichten, weil es von selber warm genug wäre. Auch die Schwierigkeiten mit dem elektrischen Licht würden nicht so ins Gewicht fallen, wenn es draußen hell genug wäre. Fragen Sie mich nicht warum, aber das Licht geht in der Vorweihnachtszeit so oft aus, dass sie es notdürftig durch stinkende Kerzen ersetzen müssen, weil sie als Menschen im Dunkeln nun mal so gut wie blind sind. Dabei sind Kerzen, sowohl was die Wärme als auch was das Licht betrifft, eine so klägliche Notlösung, dass sie mir leidtut, meine Familie. Kein Pelz und schlechte Augen und dann auch noch die

Vorweihnachtszeit – ein Wunder, wie sie das aushalten. Es zehrt natürlich an ihren Nerven. Man merkt es an allen Ecken und Enden. Aber davon zu sprechen würde uns jetzt zu lange aufhalten.

Ungefähr vier Wochen dauert das Ganze, das lernt man mit den Jahren, und so lange muss man durchhalten.

Vergleichsweise harmlos fängt es an. Eine Kerze. Darüber regt man sich bloß beim ersten Mal auf. Wenn es nur dabei bliebe. Aber die Sache nimmt ihren Lauf, zwei Kerzen, drei Kerzen, unaufhaltsam bis zum dicken Ende. Wenn es wirklich bedrohlich wird, merkt man das daran, dass sie nicht nur Tannenzweige hereinholen, als wären sie Vögel, die ein Nest bauen wollen, sondern mit einem ganzen Baum kommen. Dann muss man gehen. Man kann noch bis zum Dunkelwerden warten, wenn es allzu ungemütlich ist draußen, aber das ist dann der allerletzte

Augenblick zur Flucht. Kein guter Moment, was die Jahreszeit betrifft, das brauche ich niemandem zu erklären, denn irgendwann in diesen vier Wochen hat es natürlich geschneit – keine schöne Sache an sich, obwohl ich als Kind immer Freude gehabt habe an den ersten fröhlich herunterflatternden Schneeflocken. Aber schlimm wird das Wetter erst, wenn es auf Weihnachten zugeht und alles wieder schmilzt und sich in einen eiskalten widerlich nassen und klebrigen Matsch verwandelt, der oft nicht nur nass und kalt ist, sondern zu allem Überfluss auch noch an den Füßen brennt.

Kann mir mal jemand erklären, wozu dieser Matsch gut sein soll? Oft denke ich darüber nach, warum es so was gibt. Ich denke natürlich auch darüber nach, warum es Hunde gibt, aber das ist doch eine weniger grundsätzliche Frage. Sie lässt sich wohl mit unterschiedlichen Interessen erklären. Aber hat irgendeine Seele auf dieser Welt ein Interesse an halb geschmolzenem Schnee?

Ich lasse die Frage hier offen, Sie haben ja selber Verstand genug, um sie zu beantworten.

Zum Glück gibt es trockene Plätze, auch im Winter, aber bis man sie erreicht hat, muss man einiges ertragen. Und so warm, wie man es gern hätte, sind sie auch nicht.

Zurück zum Timing. Natürlich habe ich Jahre gebraucht, um das alles zu lernen.

Ach, als ich klein war, da hat mir das Fest besser gefallen. Lauter neue glitzernde Dinge in ständiger Bewegung, das gefällt einem Kind natürlich. Es gab jede Menge Spiele: Man konnte die Kugeln fangen. Man konnte hinaufspringen und ohne Weiteres den Baum umwerfen, an dem sie aufgehängt waren. Das war aufregend, aber ich möchte es trotzdem nicht noch mal erleben. Ich war auch viel zu erschrocken, um es noch einmal zu versuchen. Auf einmal war die Hölle los. Alle haben gekreischt und sind auf den umgefallenen Baum losgesprungen, als wollten sie ihm helfen. Dann wurde es schrecklich hell, und Papa stand, ehe jemand damit rechnen konnte, mit einem Eimer Wasser da und goss ihn über den Baum. Ach du Schreck, dachte ich. Ich sage Ihnen, das Wasser spritzte durchs ganze Zimmer. Die Vorhänge brannten aber noch weiter, sodass er mit einem zweiten Eimer kam. Der wurde über die Vorhänge gegossen, und dann war es für einen Augenblick ganz dunkel. Als das Deckenlicht anging, schrien die Großen: Meine Schallplatten sind nass! Meine Bücher sind nass! Mein Sowieso geht nicht mehr. Es sah aus, als ginge so ziemlich überhaupt nichts mehr, und sie begannen sich darüber zu streiten, ob das ganze Wasser notwendig gewesen war. Die einen sagten Ja, die andern Nein.

Manchmal streiten sie sich heute noch darüber, und nicht nur dann, wenn wieder mal Weihnachten ist.

Wenn Sie mich fragen: Ich bin immer dagegen, dass man Wasser verwendet. Ich denke, dass sich die Probleme des Lebens auch ohne Wasser lösen lassen.

Nie wieder, habe ich mir damals geschworen und mich jedes Mal rechtzeitig davongemacht.

Und ausgerechnet dieses Jahr passiert es: Ich liege auf der Heizung. Sie fangen mit dem Möbelrücken an, ein weiterer Vorbote des Allerschlimmsten. Ich muss eingeschlafen sein. Ich muss geträumt haben. Meine Ohren

müssen allzu vertrauensselig geworden sein. Jedenfalls haben sie mir nichts gemeldet. Kurz, ich habe den letzten Moment verpasst. Die Türen sind zu und bleiben zu. Das machen sie doch sonst nicht? He, was soll der Unsinn?

Als endlich wieder jemand die Haustür aufmacht, Papa, und schon mit dem schrecklichen Baum, der kaum durch die Tür passt, will ich die Gelegenheit benutzen, um zu entwischen, aber da ist sie schon wieder zu, die Tür. Schreien hilft nichts. Sie lassen mich nicht raus.

Noch einmal, was soll der Unsinn?

Ich habe hier Unsinn gesagt, fürchte aber, es ist kein Unsinn im eigentlichen Sinn. Ganz im Gegenteil, sie tun es mit Absicht, und dass mir diese Absicht sinnlos vorkommt, ändert nichts daran. Sie wollen, dass ich dabei bin, sagen sie, beim schönsten Fest des Jahres.

Ich überlege, was sich tun lässt. Den Baum noch einmal umwerfen? Ein starkes Mittel, ohne Zweifel. Aber der Schreck von damals sitzt mir noch so in den Knochen, dass ich zu zittern anfange, wenn ich nur daran denke.

Alle versammeln sich, es wird heiß, die Geräusche werden unangenehm, die Aufregung nimmt zu, was ich ausgesprochen schlecht vertrage. Dass sie jede Menge Papier auf den Teppich werfen, macht die Sache nicht besser. Papier ist lustig, das gebe ich zu, es knistert und hat nichts gegen Verfolgungsjagden. Aber ich bin kein Kind mehr. Wirklich lebendige Beute ist doch eine ganz andere Herausforderung.

Mama rennt zwischen Küche und Stube hin und her. Und endlich bleibt die Tür offen. Nicht die nach draußen, leider, aber wenigstens die in die Küche.

Aaah!, sage ich mir.

Welch köstliche frische von keinem Kerzenqualm verpestete Luft! Du kannst durchatmen, Ilsebill.

Und jetzt kommt's. Denn was sehe ich in der Küche? Genauer: Was rieche ich? Etwas Wunderbares, das mir all die Jahre, in denen ich das Fest im Freien verbracht habe, verborgen geblieben ist. Ich habe *doch* etwas versäumt. Ich habe ja nicht gewusst, dass zu Weihnachten nicht nur Bäume, Kerzen und ungezählte Gegenstände ohne erkennbaren Sinn aufgestellt und hingelegt oder versteckt werden, sondern auch ein herrlicher duftender Lachs. Das ist eine wirklich schöne Sitte, ihn einmal im Jahr nicht im Kühlschrank zu verstecken, sondern offen auf einem Teller ausgebreitet auf den Küchentisch zu stellen,

während sie drinnen ihre Stimmen zu einer Art von Gesang erheben. Nun gut, Menschen können nicht singen, das ist bekannt, aber, das ist auch bekannt, ohne Toleranz gegenüber den Schwächen des Andern gibt es keine Freundschaft. Sollen sie sich an ihrem sogenannten Gesang freuen. Ich freue mich unterdessen auf dem Küchentisch.

Weihnachten feiern ist wohl doch keine so dumme Sache, wie ich immer dachte.

Von allem Möglichen war bis jetzt die Rede, aber nun wird es Zeit, dass wir zu einer wichtigen Sache kommen, vielleicht der wichtigsten überhaupt, der Hauptsache gewissermaßen. Es geht ums Essen.

Manche sagen sogar, die Liebe geht durch den Magen. Was halten Sie davon? Ich würde sagen: nicht immer. Und die Kater würden das wohl wieder ganz anders sehen. Denen ist die Liebe so – aber reden wir nicht davon. Ich bin nicht dagegen, die Liebe hat ihre guten Seiten, und wenn es sein muss, muss es natürlich sein. Und wann es sein muss, entscheide ich. Daran gibt es nichts zu rütteln.

Aber unsereins hat doch meistens genug anderes zu tun. Nicht nur das Jagen. Man muss auch darauf achten, dass genug Zeit für die Ruhepausen übrig bleibt, die vielleicht nicht das Wichtigste, wohl aber das Schönste sind im Leben.

Und jetzt kommen wir zum Essen. Denn ob Sie nun sieben sind oder siebzehn, davon verstehen Sie auch etwas.

Die Hauptsache

Eigentlich wäre Essen kein Thema. Vorausgesetzt natürlich, dass es zur Verfügung steht, und zum Glück tut es das ja, zweimal am Tag – was will ich mehr? Da wäre zwar noch etwas, das mich im Augenblick beschäftigt, aber damit will ich niemanden langweilen. Wir wissen, was dabei herauskommt, wenn die Leute anfangen, über's Essen zu reden, nichts Gutes. Und satt geworden ist davon auch noch niemand.

Aber das eine oder andere wird man über's Essen wohl doch sagen dürfen. Hören Sie sich das an: »Fleischfresser stinken.« So was muss ich mir sagen lassen, von meiner eigenen Familie. Die beiden Großen reden vom Zähneputzen, als wüssten sie nicht, dass man sich das Fell putzt, aber doch nicht die Zähne. Kein Mensch wird erwarten, dass ich das verstehe. Aber ich nehme es ihnen nicht übel.

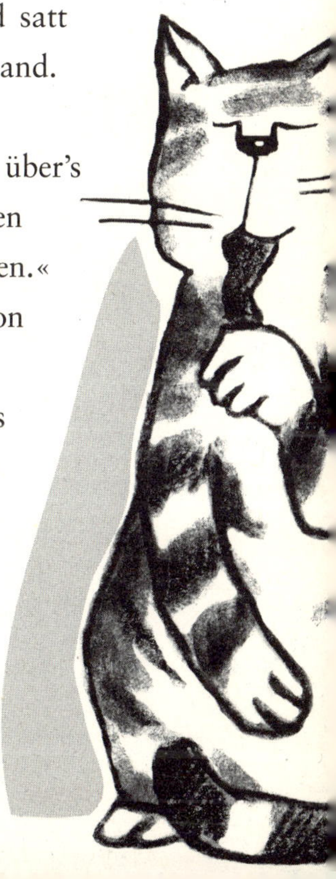

Ich liebe meine Familie, und wer liebt, braucht nicht alles zu verstehen, was sie reden.

Trotzdem wundert es mich. Weiß der Himmel, was sie damit meinen. Für mich jedenfalls gibt es auf dem Gebiet des Nahrungstriebs nur eins, und das ist Fleisch. Einseitige Ernährung, sagen Sie? Überhaupt nicht. Ich möchte hier nicht aufzählen, in wie vielen herrlichen Formen Fleisch vorkommt, groß oder klein, vierbeinig, zweibeinig, mit Flügeln, Flossen, Fühlern oder ganz ohne etwas. Alles, was mehr als vier Beine hat, sagt mir zwar weniger zu, aber eigentlich bin ich für alle Sorten zu haben, solange sie ordentlich riechen und nicht stechen. Vor allem lebendig müssen sie sein, sonst machen sie keinen Spaß. Das Essen sollte doch Spaß machen, oder?

Warum man sich zum Essen an den Tisch setzen muss, ist mir allerdings ein Rätsel. Das kann doch keinen

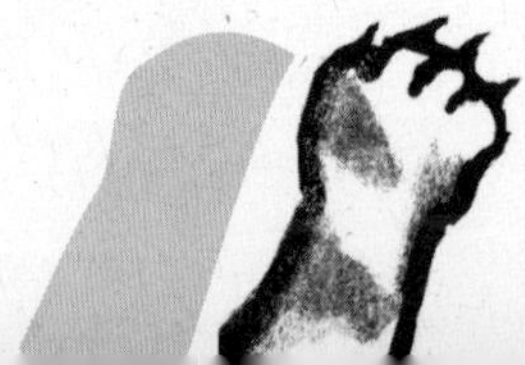

Spaß machen. Trotzdem, meine Familie tut genau das, Tag für Tag, und nicht nur einmal. Vielleicht ist das ihre Art, sich am Essen zu freuen. Aber merkwürdig bleibt es. Mir leuchtet bis heute auch nicht ein, warum sie erst die ganze Familie zusammenrufen, bevor sie anfangen – das kann einem doch die Freude ganz und gar verderben. Essen darf sich auf vielerlei Weisen abspielen, aber zwei Dinge gehören unbedingt dazu, wenn man es einigermaßen genießen will: Einsam und leise sollte es sich abspielen. Aber sagen Sie das mal meiner Familie. Sie drängen sich um den Tisch und reden, zu zweit, zu dritt, zu viert oder alle durcheinander, sodass es sehr laut werden kann. Familientisch sage ich dazu. Und Sie sollten sich keine allzu idealen Vorstellungen von diesem Vorgang machen.

Dass man die Beute vertreibt, wenn man zu viert und mit voller Lautstärke hinter ihr her ist, kommt ihnen offenbar nicht in den Sinn. Sie nehmen sogar Silberzeug in die Hand und klappern damit herum. Das kommt mir nicht nur laut und kontraproduktiv vor, sondern auch ein wenig unsportlich.

Ich habe einen Verdacht. Sie versammeln sich um diesen Tisch, weil dann alle besser aufpassen können, dass niemand mehr zu fressen bekommt als sie selber. Wie gern würde ich das mal von Nahem sehen. Aber sie lassen mich nicht rauf. Auf dem Küchentisch sitzen darf ich nur dann, wenn es niemand sieht.

Ich habe außerdem den Verdacht, dass das Essen bereits tot ist, wenn es auf den Tisch kommt. Insofern wäre es dem vergleichbar, was sie mir in den Napf füllen. Das klingt doch logisch, oder? Aber dass es logisch ist, bedeutet nicht notwendig, dass es auch wahr sein muss. Es gibt nämlich einen Unterschied: Ihr Essen kommt nicht aus Dosen. Woher ich das weiß? Nichts einfacher als das. Das Geräusch unseres Dosenöffners würde ich mit keinem anderen Geräusch auf dieser Welt verwechseln. Und dieses Geräusch ist nur für mich da. Sie fangen das Essen auch nicht im Garten. Es muss etwas Drittes geben.

Aber wenn es schon tot ist, müssen wir uns doch fragen, wozu sie sich noch so ausführlich damit beschäftigen. Mit beiden Händen, wenn Sie wissen, was ich meine. Warum nicht ohne weitere Umstände ins Maul damit?

Unklarheiten über Unklarheiten. Aber was kann man anderes erwarten, wenn es um eine Familie geht? Vielleicht müssen Familien so sein. Sie haben ja auch ihre Vorteile. Wäre ich sonst noch da?

Eins jedoch ist klar: Mama hat ihren Spaß mit dem Essen, bevor es auf den Tisch kommt. Niemand kann sich vorstellen, wie lange sie am Herd steht, wo es zischt und knistert und raschelt, während sie immer wieder nachfasst und loslässt und sich zuweilen sogar ganz abwendet, als ginge die

Sache sie nichts an, nur um dann umso zielsicherer wieder zuzugreifen. Ich habe Respekt für so viel Geschicklichkeit und hoffe mit ihr, dass sie es im richtigen Moment tut, damit ihr der Braten nicht doch wieder entwischt.

Nur, ganz unter uns, eins begreife ich nicht: dass es dermaßen lange dauern muss. Ich verstehe ja, dass so etwas Spaß macht, ich spiele selber für mein Leben gern mit einer Maus, solange noch Leben in ihr ist, und lasse sie wohl auch zwischendurch eine Weile in dem Glauben, sie sei mir entwischt, sofern ich ganz sicher bin, dass sie in meiner Gewalt bleibt. Aber Mama treibt es doch sehr weit. Wer wüsste besser als ich, wie es uns mit einem guten Fang geht, man vergisst dabei leicht ein wenig die Zeit, denn das Zögern, das Loslassen und Wiederzugreifen gehört zweifellos zum Aufregendsten, was einem das Leben zu bieten hat. Aber bei Mama dauert die Sache bedenklich lange. Und weiß der Himmel, was ein freundliches Wesen wie sie mit all den Marterwerkzeugen im Sinn hat, die sie dazu verwendet. Sie wird doch wohl nicht – denke ich dann. Und wirklich: Ein Messer in ihrer Hand. Gut, es geht mich nichts an. Ich bin hier bloß die Katze, und meinetwegen soll jeder auf seine Fasson fressen.

Es kommt übrigens vor, dass sie ganz weggeht, eine Weile am Tisch sitzt und mit der Zeitung raschelt, während es auf dem Herd weiter knistert, und – ich fürchte, niemand wird mir das glauben – sie bringt es dann sogar fertig, in ein anderes Zimmer zu gehen. Sie scheint sich ihrer Sache sehr, sehr sicher zu sein.

Ich kann natürlich nicht die ganze Zeit zuschauen. Ich muss hin und wieder durch den Korridor gehen, um nach dem Rechten zu sehen. Es gibt da eine Tür von allergrößter Bedeutung.

Nun gewinnen bekanntlich Türen allein schon dadurch an Bedeutung, dass sie verschlossen werden. Hier kommt aber etwas hinzu. Man hört Geräusche von der anderen Seite. Ich will es nicht spannender machen, als es von Natur aus schon ist, dieses herzerfrischende Zwitschern von Vögeln, wenn sie unsereins nicht sehen können. Wenn man zu früh die Deckung verlässt, werden sie ja auf eine so unangenehme Weise schrill, dass man die Hoffnung auf einen Fang gleich aufgibt und nur aus bloßer Gewohnheit noch ein wenig so tut, als ob. Anders hier. Die Tür ist zu, und ich höre sie wunderbar unbesorgt und frei herumflattern, die beiden Zebrafinken. Gibt es etwas Schöneres auf dieser Welt? Vorziehen würde ich natürlich, die Tür wäre nur angelehnt, und Ihnen brauche ich nicht zu erklären, warum. Nun, das kommt selten vor. Aber was selten ist, hält uns lebendig, nicht wahr? Denn selten ist nicht das Gleiche wie niemals.

Also Geduld, Geduld und nochmals Geduld.

Früher, bevor sie die beiden herzallerliebsten Vögel hier eingesperrt haben, hatten wir eine Maus. Ich meine nicht die Mäuse im Garten, von denen gibt es mehr als genug. Wir hatten sie im Haus, damit man auch eine zur Hand hat, wenn das Wetter allzu unwirtlich ist. Die beiden Großen haben sie sogar gefüttert. Das Problem mit unserer Maus war: Sie hatte sich hinter einem Gitter verschanzt, und niemand konnte so recht an sie heran. Ein raffiniertes Tier, nicht wahr? Ach, wie oft habe ich versucht, das Problem zu lösen. Vergeblich. Aber am Ende ist es mir doch gelungen, denn wenn man lange genug von oben an diesem Gitter rüttelte, entstand eine Ritze, und durch diese Ritze konnte man hineingreifen.

Statt mir dankbar zu sein für einen guten Einfall und für mehr Ausdauer, als sonst jemand hier aufbringt, hat meine Familie sich unbeschreiblich aufgeregt. Ich muss zwar zugeben, dass nicht ich die Maus erwischt habe, sondern die Maus war es, die mir ins

Gesicht gesprungen ist. Ich war so verblüfft, dass ich den entscheidenden Moment verpasst habe. Was soll ich sagen, weg war sie, in der Badezimmerecke hinter einem dicken Rohr. Leider war es unmöglich, sie dort zu greifen. Aber ich war bereit zu warten, um die Schlappe wieder auszubügeln. Ich hatte Zeit, und an Geduld fehlt es mir bekanntlich nicht. Irgendwann musste sie ja herauskommen. Alles in allem gewiss kein Meisterstück, aber war das ein Grund, sich so aufzuregen? War das ein Grund, zu kreischen, mich aus dem Badezimmer zu werfen und alles zu verbarrikadieren? Das verstehe, wer will. Aber Familien, ich habe es schon gesagt, sind nun einmal nicht immer leicht zu verstehen. Wie sie das Problem lösen wollten, entzieht sich meiner Kenntnis.

Kurz, von dieser Maus habe ich nie wieder etwas zu Gesicht bekommen. Mir macht das nichts aus, ich kann jederzeit neue Mäuse aus dem Garten hereinbringen, wenn ich Lust dazu

habe. Meine Familie weiß das allerdings nicht zu schätzen, vor allem dann nicht, wenn sie noch lebendig sind und am meisten Spaß machen. Dass es draußen mehr als genug davon gibt, sollten Menschen doch eigentlich wissen. Warum sie ausgerechnet auf diese eine Maus solchen Wert gelegt haben, verstehe, wer kann.

Eines Tages waren dann die beiden Piepmätze da. Nicht solche wie draußen, die immer ein gewisses Maß an Lebenserfahrung und Vorsicht an den Tag legen. Ganz ungenierte Wesen, würde ich sagen, die sich jederzeit lauthals hören lassen. Gesehen habe ich sie erst einmal und nur allzu kurz, weil die Tür sofort zugeschlagen wurde. Nun warte ich auf die nächste Gelegenheit. Sie wird schon kommen.

Aber das gehört gar nicht hierher. Oder doch. Unser Thema ist ja das Essen. Eigentlich nicht mein Thema, wie gesagt, darum das Nötige in Stichworten. Ich fresse zwei-

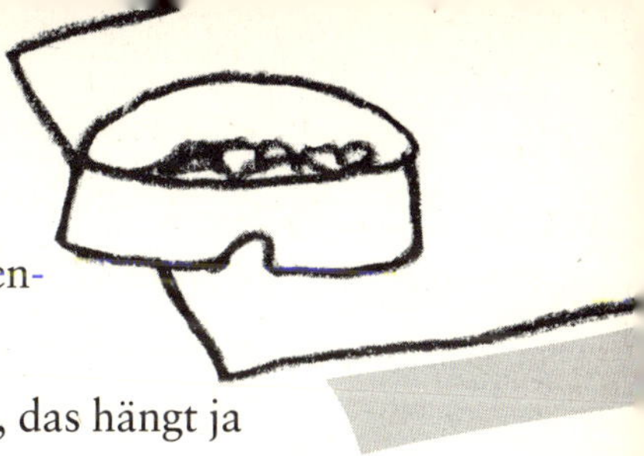

mal aus dem Napf.
Morgens und abends. Das heißt nicht, dass ich zwischendurch keinen Appetit hätte.
Ich habe auch Lust zu jagen, das hängt ja weniger vom Appetit ab als davon, wer gerade vorbeikommt. Aber das Jagen ist *eine* Sache, das Fressen eine andere. Meistens reicht mir schon das Aroma von etwas Lebendigem auf der Zunge. Mit einer richtigen Mahlzeit hat das nichts zu tun. Meine Familie scheint das übrigens drei- oder viermal am Tag zu brauchen. Es muss daran liegen, dass sie so groß sind.

Zur Qualität des Essens möchte ich mich nicht äußern. Ich bin nicht undankbar. Sie versuchen, Abwechslung hineinzubringen in die sogenannte Ernährung. Ich weiß nicht, wozu das gut sein soll. Es reicht doch, wenn man etwas hat, das einem zusagt. Und für Abwechslung habe ich nicht viel übrig, weil erfahrungsgemäß selten etwas Gutes dabei herauskommt.

Moment mal – ich glaube, ich höre gerade, wie Papa in die Küche geht, den Schrank öffnet, und dann höre ich – Sie haben es erraten: den Dosenöffner. Da muss man doch wenigstens nachsehen.

Schweigend setze ich mich und schaue beiseite. Ich weiß ja, was kommt. Aufregend ist es trotzdem, aber nicht so aufregend wie dann, wenn er den Schrank nicht aufmacht und nicht zum Dosenöffner geht. Dann fehlt mir die Ruhe zum Sitzenbleiben.

Für den Fall, dass alles Herumstreichen nicht hilft, habe ich ein Zauberwort, geheimnisvoll und schön, mit dem ich so gut wie alles erreiche, was ich brauche. Bei meiner Mutter hat es schon gewirkt, übrigens die größte Katze, die ich je gesehen habe. Und jetzt bei meiner Familie wirkt es wieder. Miau heißt es. Sie meinen vielleicht, das sei eben das, was Katzen sagen, aber Sie irren. Keine Katze würde Miau sagen, im normalen Leben meine ich. Da sagt man zunächst mal Mhrn, womit sich schon ziemlich viel sagen lässt, und als Mhrng drückt es auch noch den Dank dafür aus, dass man erreicht hat, was man wollte. Das kann man als Kind natürlich noch nicht, aber mit einiger Lebenserfahrung ist es lernbar. Außerdem natürlich Mrrr, Mm, Mi, oder wohl auch einmal Mmmau, wo es hinpasst. Und Mmmäu oder Mmmeu. Aber Miau? Nein, das ist vorbei. So hat man als Kind mit seiner Mutter gesprochen. Es ist ein Wort für Anfänger und für sehr, sehr Fortgeschrittene, wenn Sie wissen, was ich meine. Wenn man erst einmal aus den Kinderschuhen heraus ist, lässt sich das Miaau oder Miauu jedenfalls für nichts mehr gebrauchen außer für den Umgang mit Menschen, und meine Familie ... nun ja, sie besteht aus Menschen, und wenn ich Miau oder noch besser Miauuu sage, ist sie gerührt und zu allem bereit.

Nur wenn sie so um den Tisch sitzen, dann hilft das schönste Miauuuu nichts. Schon gut, schon gut, sage ich. Fragen wird man ja dürfen.

Dabei machen sie selber genug Lärm, wenn sie essen. Und sie reden viel, wenn der Tag lang ist. Wir haben zweifellos alle unsere Art, uns auszudrücken, und bei ihnen wird eben gelärmt. Nur – beim Essen halte ich das für einen Fehler. Aber ich will mich nicht einmischen, ich gehe unauffällig anderswohin, wenn es laut wird. Lautstärke geht mich nichts an, es sei denn, sie meldet Gefahr. Das kommt vor, besonders auf den Straßen, aber wirkliche Gefahren kündigen sich nicht durch Lärm an, sondern dadurch, dass sie sich nicht ankündigen. Andersherum formuliert, man muss seine Beute immer überraschen, sonst kriegt man sie nicht. Ich werde doch einen Vogel, hinter dem ich her bin, nicht durch lautes Gebrüll warnen. Man achtet in einem solchen Fall auf gute Deckung und absolute Geräuschlosigkeit. Aber damit sage ich Ihnen wohl nichts Neues, oder?

Ich spreche so ausführlich darüber, weil es meinen Verdacht zu bestätigen scheint, dass bei meiner Familie das Essen tot auf den Tisch kommt. Das Eigentliche hat also längst vorher stattgefunden, und zwar schweigend, wie es sich gehört. Ich habe Ihnen ja berichtet, was sich bei uns am Herd abspielt.

Oft frage ich mich, warum Mama die Einzige ist, die das macht. Nie sieht man Papa oder die beiden Großen am Herd stehen. Dabei sollte man Mama diese Dinge am wenigsten zutrauen, weil sie die sanfteste Stimme von allen hat. Andererseits bewegt sie sich auch besonders leise. Schon fast auf Katzenpfoten, könnten wir sagen, wenn wir ein Auge zudrücken. Menschen haben ja einen schwach entwickelten Sinn für Geräusche, sodass unsereins sich wundert, wenn sie nicht jämmerlich verhungern, weil sie alles Essbare in weitem Umkreis durch ihr Gepolter und ihr Gerede schon vertrieben haben, bevor es auch nur in Sicht kommt. Die beiden Großen – ich nenne sie so, obwohl sie viel kleiner sind als Mama und Papa, einfach deshalb, weil sie größer sind als ich – sind die Lautesten. Vielleicht gilt bei Menschen der Grundsatz »Je kleiner, desto lauter«, und die Lautstärke unseres Babys scheint das zu bestätigen. Andererseits stimmt es auch wieder nicht, denn Mama ist durchaus nicht größer als Papa, ganz im Gegenteil.

Vielleicht können wir den Widerspruch so auflösen: Gerade die Tatsache, dass sie für ihre Größe besonders leise lebt, ist das, was sie als geborene Jägerin ausweist.

Ich fasse zusammen: Essen muss sein, macht auch Freude, aber das wär's dann schon, denn das Leben hat anderes zu bieten, und das Essen ist vielleicht doch nicht die Hauptsache, sondern eher die schönste Nebensache der Welt.

Was dann die Hauptsache ist? Ist es möglich, dass jemand das nicht weiß? Das Ruhen, liebe Leserin und lieber Leser. Was sonst?

Ruhen ist die sanfteste Form des Nichtstuns, verschönt durch eine besondere Art von entspannter Aufmerksamkeit. Je nach Tageszeit kennen wir verschiedene Formen des Ruhens. Am schönsten macht es sich nachts, während zugleich die spannendsten Abenteuer in der Luft liegen. Aber auch am Tage sollten wir es nicht unterschätzen. In jedem Fall rate ich, die Augen zu schließen. Nicht zu fest, nur so, dass man sie jederzeit ein wenig aufmachen kann, wenn einem danach ist. Mit vollem Bauch tut es besonders wohl. Es gibt freilich Nächte, in denen das nicht gilt, aber davon soll jetzt nicht die Rede sein.

Damit wäre ich am Ende. Nur einen Augenblick noch. Ich habe nämlich einen Erfolg zu melden, wenn auch nur einen halben: Einen habe ich erwischt. Die Tür war ausnahmsweise bloß angelehnt. Fragen Sie mich nicht, wie er geschmeckt hat. Ich kann mir Besseres vorstellen als Zebrafinken. Ich bin hier bloß die Katze, aber sagen Sie selbst, was will ich mehr?

Das wär's eigentlich gewesen.

Aber Familien sind immer für eine Überraschung gut: Papa steht in der Küche. Am Herd. Nanu? Das macht er doch sonst nicht. Und es sieht aus, als hätte er alle Schränke ausgeräumt. Mama macht sich am Herd bekanntlich immer lange zu schaffen, aber das ist nichts gegen die Zeit, die Papa braucht. Oder macht es ihm einfach noch mehr Spaß als ihr? Wenn man das wüsste. Mama scheint es weniger Spaß zu machen, sie schaut nur kurz herein und macht die Tür wieder zu. Ich hätte die Gelegenheit benutzen und hinausgehen sollen. Zu spät. Ich konnte mich einfach nicht losreißen, weil so ein spannender Geruch in der Luft liegt. Aber was habe ich davon? Nichts. Papa ist anders als sonst. Ich kann ihn einfach nicht dazu bringen, mir was abzugeben. Er wird sogar wütend, wenn ich ihm um die Beine streiche. Das ist gemein. Und der Rest ist langweilig.

Das Ergebnis seiner Tätigkeit ist auch in keiner Weise bemerkenswert, nichts als das in meiner Familie übliche Ritual: Alle sitzen am Küchentisch und essen. Miteinander. Ob andere Familien das auch machen, kann ich nicht beurteilen. Ich will es nicht hoffen. Essen ist ein für alle Mal das, was jeder für sich allein tun sollte.

Kein Wort mehr. Der Rest ist Schweigen.

Schön wär's.

Das Schlimmste kommt noch.

Und das muss ich Ihnen unbedingt erzählen.

Dieses Jahr wird nicht verreist

Holen sie wirklich wieder die Koffer vom Dachboden? Das kann nicht wahr sein. Wenn es doch wahr ist, muss ich mir etwas einfallen lassen, um das Schlimmste zu verhindern. Dieses Jahr wird nicht verreist, sage ich.

Die beste Zeit im ganzen Jahr ist bekanntlich der Sommer. Wozu der Winter gut sein soll, weiß ich nicht. Von mir aus könnte man ihn weglassen. Kaum Sonnenstrahlen, denen man nachlaufen könnte. Da liege ich lieber auf der Heizung. Im Sommer ist das natürlich nicht nötig. Die Tage sind lang und warm. Mich zieht es zu den schattigen Stellen, hinter den Bäumen, unter den Dächern und im offenen Eingang. Der Sommer ist herrlich. Und von allem das Herrlichste sind die langen lauwarmen Stunden der Abenddämmerung, wenn langsam die Dunkelheit kommt. Ach, die Nacht mit ihren feineren

Geräuschen, lebhafteren Düften und wirklicheren Aufregungen! Aber was rede ich. Ich komme ins Schwärmen. Ich wollte nur sagen, wie gern ich abends losziehe. Leise. Nein, unhörbar. Nicht wie unser Hund, der immer losstürmt, als wäre Feuer unterm Dach. Er kann nicht einen einzigen Gedanken in seinem ungekämmten Kopf denken, ohne dass es einen Riesenlärm macht. Den letzten Floh reißt er aus seinen Träumen. Gut, er ist ein Hund, er kann nichts dafür.

Aber jedes Mal dann, wenn der Sommer am schönsten wird, passiert es. Sie holen die Koffer vom Dachboden. Endlich Ferien, sagen sie. Das ganze Jahr freuen sie sich auf diese Ferien. Sagen sie. Ich glaube kein Wort davon.

Ferien? Was soll das? Die schönste Jahreszeit durch Herumreisen verderben? Mit dem Auto natürlich. Autofahren ist so ziemlich das Letzte, wenn man mich fragt. Mich fragt man aber nicht. Autofahren bedeutet Tierarzt. Oder Tierheim. Ich hasse das Hin und Her. Aber unter uns gesagt, mir gefällt es bei den andern Katzen im Heim immer noch besser als im Auto. Jedenfalls im Winter. Ich sage das natürlich nicht. Ich jammere ihnen die Ohren voll, wenn sie mich ins Auto stecken. Sollen sie ruhig ein schlechtes Gewissen haben, wenn sie mich wegbringen. Aber so weit ist es noch nicht. Und es wird auch nicht so weit kommen. Ich werde mir etwas einfallen lassen.

Leider ist es wahr: Sie holen die Koffer vom Dachboden. Sie verteilen die Koffer in allen Zimmern. Koffer riechen schlecht. Aber das ist nicht das Schlimmste. Koffer machen mich krank, obwohl ich mir nichts anmerken lasse. Ich tue so, als wäre alles in Ordnung, aber nichts ist in Ordnung. Ich stapfe durch die Wohnung. Das muss man sich mal vorstellen: Auf jedem Bett liegt ein Koffer, sperrangelweit offen, und daneben jede Menge Sachen. Man könnte meinen, sie wollten umziehen. Das wollen sie natürlich nicht. Aber es ist schlimm genug, dass nirgends mehr ein Bett frei ist, auf dem ich mich zusammenrollen könnte. Nicht auszuhalten. Ich überlege mir, ob ich weglaufen soll. Schließlich ist das Herumliegen auf den Betten eine von meinen wichtigsten Beschäftigungen. Jedenfalls tagsüber. Nachts habe ich natürlich Besseres zu tun. Ich überlege im Ernst, ob ich sofort gehen soll. Familien sind schön und gut, aber alles ist besser als eine Familie, die verreisen will.

Mit mir können sie machen, was sie wollen, denken sie. Ich bin hier bloß die Katze. Irrtum. Hier wird gemacht, was ich will. Und jetzt brauche ich eine Idee. Ich lege mich erst

einmal in den Windfang, zwischen die innere und die äußere Tür, um nachzudenken. Der beste Ort, wenn man nachdenken muss. Ich könnte jetzt gehen, denke ich. Ich könnte aber auch erst später gehen. Das ist Freiheit.

Von hinten nörgelt eine Stimme. »Du weißt nicht, was du willst«, sagt sie. »Rein oder raus?«

Ich weiß nicht, was ich will? Das weiß ich sehr genau: rein *und* raus. Auf keinen Fall rein oder raus. Ich weiß aber nicht nur, was ich will, sondern auch, was ich wollen sollte. Und jeder weiß, dass das etwas anderes ist als das, was ich sollen wollte. Aber lassen wir das. Wissen die Menschen etwa, was sie sollen? Na also. Ich will jedenfalls auf keinen Fall, was ich soll, und auf jeden Fall, was ich will. Und jetzt will ich nachdenken. Nachdenken ist wichtig. Und zwischen offenen Koffern ist es unmöglich. Zwischen offenen Türen denkt es sich besser.

Ilsebill, denke ich, was kannst du tun gegen die Koffer, gegen die Unordnung, gegen das Herumrennen? Irgendjemand muss etwas unternehmen gegen diese Reise, bevor es zu spät ist. Weglaufen löst das Problem nicht. Ich muss mir was Besseres ausdenken.

Wie war das im letzten Sommer? Keine Reise. Und warum nicht? Die Zebrafinken haben uns gerettet. Das hätte ich ihnen gar nicht zugetraut. Ich mag Vögel sehr, aber das ist eine andere Geschichte. Einen habe ich bekanntlich erwischt, aber dann waren es wie durch ein Wunder doch wieder zwei. Und die sind jetzt in einem Käfig. Ich habe es selbst gesehen. Unsere Zebrafinken sehen hübsch aus, aber sonst ist mit ihnen nichts anzufangen. Trotzdem hatten sie letztes Jahr, als die Ferienzeit näher kam, eine sehr merkwürdige Idee. Sie haben ein Nest gebaut. Sie haben Eier gelegt. Sie haben gebrütet. Und die ganze Familie war so aufgeregt, als hätten sie die Eier selber gelegt. Im Kreis standen sie um das Naturwunder herum und konnten es nicht fassen. Die Diskussionen vor dem Essen, beim Essen und nach dem Essen nahmen kein Ende, und dann haben sie tatsächlich ihre Ferien abgesagt. Sie wollten nicht, dass die Zebrafinkenküken im Tierheim ausschlüpfen. Das werde ich unsern Vögeln nie vergessen. Aber so gut die Idee auch war, sie hilft jetzt nicht weiter. Ich kann leider keine Eier legen. Und selbst wenn ich es könnte, ich weiß nicht, ob ich es wollte. Eine Katze, die Eier legt? Das würde mir kein Mensch glauben.

Was kann man sonst tun? Vor zwei Jahren gab es *auch* einen Grund hierzubleiben. Es war unser Hund. Er kam zu früh. Sie hatten ihn erst nach den Ferien erwartet. Aber als er einmal da war, mit seinen Schlappohren und seinen Stirnfalten und seinen Kinderaugen, da waren sie alle vollkommen närrisch und sind nicht weggefahren. Das war gut so. Aber was dieses fremde Tier bei uns zu suchen hatte, das ist eine andere Frage. Mich hatte wieder mal keiner gefragt. Aber es hatte so eine Art, mich anzusehen, dass ich ihm nicht wirklich böse sein konnte. Jedenfalls wollten sie es nicht ins Tierheim geben, das gute Hündchen. Mich geben sie hin. Ich habe keine Schlappohren und keine Stirnfalten. Und vor allem habe ich keine Kinderaugen. Ich bin erwachsen.

Vor drei Jahren, wenn ich mich recht erinnere, sind sie auch nicht weggefahren. Die Koffer lagen auf den Betten wie jedes Jahr und gähnten mir überall entgegen, wo ich auf ein schönes stilles freies Plätzchen hoffte. Die gute Idee in jenem Jahr stammte vom Auto. Ich halte sonst nichts von Autos, das wissen Sie ja, sie lärmen und stinken, aber das muss ich unserem Auto lassen, dieses eine Mal ist ihm etwas eingefallen. Zusammengebrochen ist es. Das heißt: Es fuhr nicht mehr. Fragen Sie mich nicht, wie man das macht. Es würde ja auch nicht viel nützen, das zu wissen, wenn man kein Auto ist.

Wenn eine Katze sich nicht mehr von der Stelle rührt, was tun sie? Beklagen sie, dass die Katze zusammengebrochen ist? Bringen sie die Koffer auf den Dachboden? Nein, die Katze zum Tierarzt, und das ist nichts für mich. Das Auto war nicht zu reparieren, jedenfalls nicht so schnell, und ohne Auto ging es nicht, haben sie behauptet, weil sie für das Baby ein Bett, einen Stuhl und einen Wagen mitnehmen mussten. Dabei konnte es schon ganz gut selbst herumlaufen, das Baby, wenn es nur wollte. Aber Menschen sind komisch, wenn es um ihre Babys geht.

Und dabei fällt mir ein, wer vor vier Jahren die gute Idee hatte: das Baby selber. Es musste gar nicht viel tun. Manchmal genügt bloßes Kleinsein, um ein Unglück zu verhindern. Es war damals noch so klein, dass die Koffer gar nicht erst auf die Betten gelegt wurden. Ich fand dieses Baby zwar ziemlich groß, aber wenn man bedenkt, wie groß Menschen sonst sind, dann war es doch wohl eher klein. Ich habe nichts gegen Babys im Allgemeinen, aber unseres war einfach zu laut. Das ist unangenehm. Und gefährlich ist es auch. Denn wer sich nicht wehren kann, sollte Geräusche vermeiden, um sich nicht zu verraten. Wer sich wehren kann, sollte diese Fähigkeit zwar auch besitzen, aber aus anderen Gründen. Unser Baby gehörte, jedenfalls meiner Meinung nach, zu denen, die sich nicht wehren. Aber es konnte nicht still sein. Das begreife, wer will. Kaum war es einen Augenblick für sich allein, kniff es die Augen zusammen, riss das Maul auf und begann Schreie auszustoßen, die ohne Sinn und Verstand waren und auch nicht gerade schön klangen. Ehrlich gesagt, sie klangen scheußlich, diese Schreie. Und wenn ich sage scheußlich, dann meine ich scheußlich. Es war nicht auszuhalten. Wenigstens kam immer, wenn es den Mund aufmachte, jemand herbeigerannt, um es wieder zur Ruhe zu bringen.

Vor fünf Jahren haben die beiden großen Kinder etwas gemacht, worauf ich nie gekommen wäre. Die Kleider stapelten sich schon auf den Betten, vor den Betten und unter den Betten. Eine ekelhafte Vorfreude hatte sich breitgemacht. Und dann geschah es von einem Tag auf den andern: Die Kinder bekamen rote Punkte. Sie warfen die Koffer von den Betten, legten sich hinein und behaupteten, sie wären krank. Ein wirklich glänzender Einfall, leider unwiederholbar, wie die meisten guten Einfälle. Jedenfalls für mich. Wie soll ich rote Punkte bekommen? Ich bin vollkommen gesund und habe Streifen. Streifen interessieren keinen.

Das mit den Punkten war vor fünf Jahren. Oder vor sechs Jahren. Aber was war dann vor fünf Jahren? Irgendwas muss damals passiert sein, um dieses schreckliche Reisen zu verhindern. Immerzu gab es Streit, weil wieder einmal alle mehr Sachen einpacken wollten, als man mitnehmen konnte. War es vielleicht damals, als die Tasche mit den Papieren verschwunden ist? Na und, dachte ich. Man sollte meinen, sie hätten sich gefreut, weil es weniger einzupacken gab. Aber das Gegenteil trat ein. Sie konnten ohne diese Papiere nicht verreisen.

Was vor sieben Jahren los war, weiß ich genau: Ich war's. Ich war es, die hier eingezogen ist. Damals war ich so klein, dass ich noch nicht mal allein auf einen Stuhl springen konnte. Es klingt unglaublich, ist aber wahr. Gut, wir haben alle mal klein angefangen. Natürlich sind sie meinetwegen zu Hause geblieben. Das waren Zeiten. Aber vorbei ist vorbei.

Die Frage ist nun: Was kann ich tun, um in diesem Jahr das Schlimmste zu verhüten? Weglaufen löst das Problem nicht, habe ich gesagt. Das stimmt zwar, aber vielleicht wäre es doch die beste Lösung, solange mir keine bessere einfällt. Aber die Tür ist zu.

Es wird Zeit, dass mir etwas einfällt. Aber was? Die Stunden vergehen, ich schleiche durch die Zimmer,

und mir ist, als gäbe es gar keine guten Einfälle mehr auf dieser Welt.

Vorhin habe ich gedacht, das Radio kommt mir zu Hilfe. Eine Stimme hat gemeldet, dass die Strände voller Öl sind, die Meere voll von schleimigen Algen und die Straßen voller Autos. Man sollte meinen, dass das genügt. Aber es hat nichts genützt. Mama, Papa und die beiden Großen haben sich ernst angeschaut und sind wieder zu ihren Koffern gegangen. Sie haben die Koffer zugemacht und den Katzenkorb geholt. Was das bedeutet, ist klar: Tierheim. Und unser Hund, statt mir zu helfen, hopst laut und begeistert durch die Wohnung. Ich will nichts gegen ihn sagen. Er ist in Ordnung, ich meine, für einen Hund, aber wie Hunde nun mal sind, er will mit unserer Familie in die Ferien. Er bettelt geradezu darum, dass er ins Auto steigen darf. Was soll man dazu sagen?

Zu spät. Ich glaube, dieses Mal fahren sie wirklich.

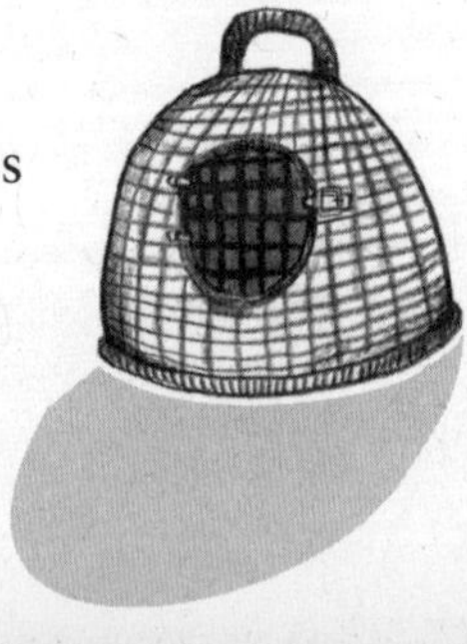

Inhalt

Besuchen Sie uns im Internet
www.weltbild.de

Genehmigte Lizenzausgabe für Verlagsgruppe Weltbild GmbH,
Steinerne Furt, 86167 Augsburg

Umschlaggestaltung: Hildegard Müller, Kommunikationsdesign, Ginsheim
Umschlagmotiv: Hildegard Müller, Kommunikationsdesign, Ginsheim
Gesamtherstellung: CPI – Clausen & Bosse, Leck
Printed in the EU
ISBN 978-3-86800-453-3

2013 2012 2011 2010
Die letzte Jahreszahl gibt die aktuelle Lizenzausgabe an.